GEOvoyage

50 DESTINATIONS NATURE

MICHEL FONOVICH
SANDRINE MERCIER

SOMMAIRE

08
EUROPE

62
AFRIQUE, MOYEN-ORIENT ET OCÉAN INDIEN

138
ASIE

186
OCÉANIE ET PACIFIQUE

206
ANTARCTIQUE, AMÉRIQUES ET CARAÏBES

GROENLAND
ÎLES FÉROÉ (DANEMARK)
YUKON (CANADA)
ÎLE D'ACHILL (IRLANDE)
VALAIS (SUISSE)
YOSEMITE (ÉTATS-UNIS)
ARIZONA (ÉTATS-UNIS)
FORMENTERA (ESPAGNE)
ALGÉRIE
BASSE-CALIFORNIE (MEXIQUE)
YUCATÁN (MEXIQUE)
CAP-VERT
LA DOMINIQUE
SÉNÉGAL
COSTA RICA
SIERRA NEVADA (COLOMBIE)
GALÁPAGOS (ÉQUATEUR)
ÎLES MARQUISES
BOLIVIE
PANTANAL (BRÉSIL)
PATAGONIE
PÉNINSULE ANTARCTIQUE

SVALBARD
NORVÈGE)
BIALOWIEZA (POLOGNE)
SUD-TYROL (ITALIE)
CROATIE
GÉORGIE
KUMANO KODO (JAPON)
MANASLU (NÉPAL)
GUIZHOU (CHINE)
BHOUTAN
JORDANIE
ÉGYPTE
INDE
DJIBOUTI
ANGKOR (CAMBODGE)
CORON (PHILIPPINES)
ÉTHIOPIE
RÉPUBLIQUE DU CONGO
SRI LANKA
SEYCHELLES
TANZANIE
KOMODO (INDONÉSIE)
ZIMBABWE
DARWIN (AUSTRALIE)
BOTSWANA
MIBIE
DRAKENSBERG (AFRIQUE DU SUD)
TONGARIRO PARK (NOUVELLE-ZÉLANDE)
TASMANIE

INTRODUCTION

— ◊ —

Un lord anglais disait : « *N'allez pas à l'étranger, c'est un endroit horrible !* » Suprême humour *british*. De quoi faire rire le très anglophile Jules Verne, qui lui-même voyagea beaucoup et écrivit tant de romans dont l'action se déroule très loin de la France, dans des contrées encore méconnues, nimbées de mystères, auréolées de fantasmes, propices aux aventures. En tout, 64 titres qui composent *Les Voyages extraordinaires.*

Si Phileas Fogg, à une époque qui ne connaissait pas les avions, a bouclé son tour du monde en seulement 80 jours – rappelons qu'il avait un pari à tenir – , il nous a fallu des années pour découvrir seulement quelques-unes des beautés sauvages de notre planète. Et il en faudrait encore beaucoup pour agrandir notre collection. Mais rien ne presse.

Privilège du métier de journaliste de voyage – oui, ça existe – , nous avons bourlingué sous toutes les latitudes pour en rapporter des reportages consacrés à des destinations sublimes. Parmi celles-ci, nous en avons choisi 50 dont la nature encore préservée provoque à coup sûr chez tous les voyageurs une émotion intense, quelquefois jamais ressentie.

Dans le désert du Namib, comment rester de marbre devant les plus hautes dunes du monde, montagnes de sable ocre, orange, rouge qui déploient leurs courbes sensuelles ? On n'oublie pas de sitôt le premier iceberg croisé dans la mer déchaînée aux abords de la péninsule Antarctique. Lui se rit de la tempête, nous on prie pour ne pas s'y frotter. Au Costa Rica, on s'émerveille devant les collines escarpées, dégoulinantes de végétation, au pied desquelles viennent se fracasser les vagues pas si pacifiques de l'océan Pacifique. Dire que l'explorateur anglais Francis Drake a dû voir exactement les mêmes en 1579 quand il a mouillé dans la baie qui allait prendre son nom.

Évidemment, la nature n'exclut pas forcément la culture. Le Nil, qui avec l'Amazone se dispute le titre de plus long fleuve du monde, est admirable pour les sites millénaires qui jalonnent son cours. L'âpre désert montagneux qui s'étend entre la mer Morte et la mer Rouge en Jordanie, se flatte d'abriter la cité perdue de Pétra. Avec d'autres lieux façonnés par l'histoire, ils font partie de notre club des 50 destinations nature, que nous pourrions aussi baptiser, toute déférence gardée envers Jules Verne, club des 50 voyages extraordinaires.

Michel Fonovich
Sandrine Mercier

EUROPE

CROATIE

UNE ÎLE PEUT EN CACHER UNE AUTRE

*Et si on embarquait sur l'*Ave Maria *à Dubrovnik, au sud de la sublime côte dalmate, pour naviguer jusqu'à Split, plus au nord. Entre les deux villes estampillées Unesco, il faut se faufiler entre une bonne poignée d'îles délicieuses, éparpillées façon puzzle dans l'Adriatique. À première vue, la croisière devrait bien se passer.*

Cet après-midi-là, il ne fait que 26 °C à Dubrovnik, signe que le mois d'octobre approche. Le fond de l'air est tiède. L'*Ave Maria*, un navire de croisière à taille humaine, nous attend. Ronronnement du moteur, quelques cris en provenance du quai, puis le navire doucement s'ébranle. Vite, se lever et monter sur le pont pour saluer une dernière fois Dubrovnik éclatante de blancheur sous les premières caresses du soleil.

Ci-contre : île de Brač. / Ci-dessus : parc national de l'île Mljet.

MLJET : BIENVENUE CHEZ CALYPSO

– ◊ –

Ayons une pensée pour Ulysse, qui aurait échoué sur l'île de Mljet à l'issue d'une croisière mouvementée et dénuée de tout confort, une croisière hors catalogue et fortement déconseillée aux poules mouillées. Son bateau ayant été détruit, son équipage ayant péri, le héros s'agrippe à quelques poutres et commence à ramer. Écoutons-le : « *Dès lors, neuf jours durant, je dérivai ; à la dixième nuit, les dieux me firent aborder à l'île où loge Calypso, déesse aux beaux cheveux, la redoutable à voix humaine.* » L'île en question, Homère la nomme Ogygie, sauf qu'à Mljet, certains ne sont pas dupes. Ulysse n'a pu qu'échouer sur leur île, laquelle par bien des traits correspond aux descriptions flatteuses faites dans l'*Odyssée*. Dans ce lieu enchanteur, Ulysse qui n'est pas de bois succombe vite aux charmes de Calypso. Les années passent, la passion se tarit, du moins celle d'Ulysse qui voudrait quand même bien rentrer chez lui et finit par obtenir après sept années un bon de sortie de la part de sa divine et si possessive amante. Une question se pose : comment diable a-t-il pu quitter Mljet pour toujours ? Comment a-t-il pu se résigner à ne plus jamais contempler les deux lacs, Malo jezero et Veliko jezero, ces deux saphirs enchâssés dans un molleton de verdure ? Pour être précis, il ne s'agit pas de lacs, mais de plans d'eau alimentés discrètement par la mer, ce qui n'enlève rien à leur incomparable beauté. Sur un îlot en suspens sur le Veliko jezero (Grand lac), des moines bénédictins ont construit au XIIe siècle un monastère. L'excellente idée ! Pour un peu, on enfilerait la robe de bure afin de profiter du lieu en compagnie de cénobites à l'impeccable tonsure, mais hélas, ils ont déserté. Mavro Vetranović, qui au XVIe siècle fut l'abbé du monastère, l'a décrit ainsi : « *Là, où le charme de la nature a tout créé mieux que l'homme.* » Et que Dieu, eût-il fallu ajouter.

KORČULA : QUI A VU MARCO POLO ?

— ◊ —

À peine avons-nous quitté Ulysse à Mljet que nous tombons sur Marco Polo à Korčula. D'après quelques historiens croates, l'illustre voyageur serait né sur l'île, d'ailleurs on y trouve sa maison natale. Qu'importe que celle-ci date du XVe siècle alors que le Vénitien ou prétendu tel est venu au monde au XIIIe siècle. S'il fallait s'arrêter à ces détails, on se priverait d'histoires alléchantes. Il est vrai cependant que les patronymes Polo et De Polo sont en usage depuis fort longtemps dans la cité fortifiée. De là à en déduire que… Ce qu'on peut dire sans se tromper, c'est que Marco Polo participa en 1298 au large de Korčula à une bataille navale au cours de laquelle la flotte de Gênes, mit en déroute celle de Venise. Fait prisonnier, il fut jeté dans une geôle à Gênes, où il prit le temps de dicter à Rustichello de Pise, son compagnon d'infortune, le récit de ses fabuleuses aventures en Extrême-Orient. Pensez que sans cette pause fortuite, *Le Devisement du monde,* qui devait faire rêver l'Occident pour les siècles à venir, n'aurait peut-être jamais vu le jour.

VIS : UNE BELLE ENDORMIE S'ÉVEILLE

— ◊ —

L'*Ave Maria* vogue ce matin vers l'île de Vis. Son étrave découpe bien droit le velours bleu de la mer. Vis, tous les Croates vous le diront avec dans l'œil une petite flamme, Vis est la plus belle, la plus pure, la plus sauvage des îles de l'Adriatique. Elle peut dire merci à Tito qui, à l'issue de la Seconde Guerre mondiale, y installe une base militaire et en interdit l'accès aux touristes étrangers. Les touristes yougoslaves doivent, eux, montrer patte blanche. Rien de très engageant. C'est ainsi que Vis, coupée du monde, échappe au boom touristique et ne voit pas pousser le long de ses côtes, au bord de ses criques, de ces complexes hôteliers qui font tache. Quand survient la guerre d'indépendance en 1991, l'armée yougoslave finit par plier bagage. Ça y est, les touristes étrangers peuvent revenir. À eux, les forêts parfumées, les plages secrètes, les falaises spectaculaires, les *konoba* (tavernes) où l'on concocte encore d'antiques recettes. Si d'aventure, ils étaient blasés, la petite île de Biševo et sa grotte Bleue ne se trouvent qu'à une poignée de kilomètres. D'abord, la falaise ne laisse rien paraître. Il faut s'approcher très près pour distinguer la faille juste assez large pour laisser passer la barque. Ça se joue à quelques centimètres. On progresse dans le noir en frôlant des parois contondantes. Puis soudain, on se retrouve sous une grande voûte baignée d'une lumière bleue irréelle. Elle vient par en dessous, elle vient des profondeurs de la mer. À quoi bon expliquer? On flotte sur le grand bleu et c'est magique.

HVAR : LA TEMPÊTE ET LE CALME

— ◊ —

Voici Hvar, sur l'île de Hvar, connue aussi comme la «ville qui ne dort jamais», du moins entre juin et septembre, quand la jeunesse d'Europe vient pour s'éclater sur des beats technos de l'aube à l'aube, avec le soutien de quelques produits énergisants introuvables en pharmacie. Hvar, l'île des *pipoles*, qui ne restent pas insensibles au charme de ses ruelles en escalier, à la splendeur de ses édifices. Hvar et ses quais, dont les colossales dalles de calcaire blanc ont été polies au fil des siècles par les Grecs, les Illyriens, les Romains, les Vénitiens… Même les soldats de Napoléon y ont usé leurs godillots. Ça fait du monde. Au revoir Hvar ! Split est déjà en vue. Voici venu le temps des adieux déchirants à nos compagnons de croisière. Tous ont survécu aux très paisibles et confortables conditions.

Ci-contre : vieille porte en bois dans la vieille ville de Ston. / Rue étroite dans la vieille ville de Korčula. / Cathédrale de Dubrovnik. / Phare Stoncica de l'île de Vis.

ALBA
JEWELLERY
PAINTINGS
SOUVENIRS

PRATIQUE

ALLEZ-Y SI
Vous êtes amateur d'îles ; comme Ulysse, vous n'êtes pas pressé de rentrer chez vous ; vous êtes prêts à devenir moine bénédictin pour avoir le privilège de vivre sur l'île de Mljet.

ÉVITEZ SI
Vous regrettez le temps de Tito ; plus de 1 200 îles croates, c'est trop pour vous ; vous préférez flâner à Zagreb.

COMMENT Y ALLER ?
A/R Paris CDG–Dubrovnik (2 h 15) ou Paris CDG–Split (2 h 05) avec Croatia Airlines, Transavia.

AVEC QUI NAVIGUER ?
La Katarina Line propose six catégories de petits navires (42 passagers maximum) qui fonctionnent de mi-avril à mi-octobre et opère sur plus de 35 itinéraires : www.katarina-line.com

QUAND PARTIR ?
Pour une croisière, la meilleure période s'étend d'avril à octobre.

Plus d'infos :
Office de tourisme croate : www.croatia.hr.

Ci-contre : mer Adriatique depuis les murs de la forteresse de Dubrovnik. / Monastère des Dominicains et plage de Martinica sur la mer Adriatique. / Komiza sur l'île de Vis.

DANEMARK

ÎLES FÉROÉ, LE GRAND VERT

Perdues au milieu de l'océan Atlantique, quelque part entre l'Écosse et l'Islande, les îles Féroé encaissent sans broncher les assauts incessants de la mer et du ciel. Escarpées, verdoyantes, humides, sauvages, elles ont tout pour plaire aux farouches moutons, aux robustes Féroïens et aux voyageurs qui n'ont ni froid aux yeux, ni froid tout court d'ailleurs.

LE « PAYS DU PEUT-ÊTRE »

— ◊ —

Une chose est sûre, un Féroïen ne met jamais longtemps à vous révéler avec une pointe de fierté et en levant les yeux vers le ciel tourmenté que son pays est surnommé le « pays du peut-être ». Surtout ne jamais faire de plan, il pourrait être noyé sous l'eau, être dispersé par le vent, escamoté par le brouillard en l'espace de seulement quelques minutes. Un Féroïen qui vous dit « à demain » pense forcément à après-demain voire après-après-demain. Telle randonnée programmée mardi sera reportée mercredi, mais tout n'est pas perdu. Il se peut que sur une autre île la météo soit plus clémente, il faut alors vite prévoir autre chose ailleurs ou passer la journée ou les journées suivantes au chaud en regardant par la fenêtre « tomber » la pluie à l'horizontale, à moins qu'une brume ait décidé d'ensevelir le paysage. On voit par là qu'il vaut mieux ne pas être surpris par l'apparition soudaine du brouillard alors que l'on crapahute sur un chemin de montagne. C'est que les pentes sont vertigineuses ; quant aux falaises, elles sont partout. Attention à la chute, elle serait fatale, non pas peut-être, mais sûrement.

DANGEREUSEMENT VÔTRE

— ◊ —

En tant que guide chevronné, Rani Nølsoe connaît ses 18 îles sur le bout des chaussures, et en particulier Kalsoy, où il possède une résidence secondaire. Ne comptez pas sur lui pour vous emmener sur des chemins trop fréquentés. Il fuit la randonnée routinière et ne dit pas non à un shoot d'adrénaline, c'est son côté James Bond en Goretex. Aujourd'hui, on part de Mikladalur pour rejoindre Trøllanes en passant par la montagne. Avant le percement du tunnel, les autochtones n'avaient pas d'autre choix que d'emprunter ce sentier tortueux qui se plaît à narguer le vide en longeant ici des falaises tombant à pic dans l'océan, là des falaises disposées en étages jusqu'au bas d'un immense cirque. Partout des vues à couper le souffle et à couper les pattes si l'on craint le vertige. Ce n'est pas le genre de Rani : « *Quand j'étais plus jeune, je le faisais en courant.* » Tiens, donc ! D'autres qui n'avaient pas peur, c'était les macchabées, du moins ceux de Trøllanes, qui empruntaient avec l'aide de porteurs le même passage, pour aller se faire enterrer à Mikladalur où se trouvait l'église. Quant aux moutons, toujours à brouter avec le mufle enfoui jusqu'aux oreilles dans l'herbe grasse, on peut dire que depuis toujours ils ne voient jamais rien, pas même le vide. Après une longue traversée, il faut pour redescendre sur Trøllanes franchir deux escarpements le long d'une chaîne. Le phare de Kallurin n'est plus très loin.

Ci-contre : maison féroïenne en bois noir dans le village de Velbastadur sur l'île de Streymoy. / Ci-dessus : cascade de Mulafossur.

UN AMOUR DE BØUR

— ◊ —

Sur l'île de Vágar, à quelques kilomètres à peine de l'aéroport qui relie l'archipel au reste du monde, le village de Bøur a pris racine au bord d'une plage de sable noir avec dans son dos la montagne verdoyante. Quelques moutons y paissent en se disant qu'ils ne viendront jamais à bout d'une moquette si épaisse. Cette pensée leur procure un grand réconfort. Si jamais ils venaient à manquer, ils pourraient toujours monter sur les toits des jolies maisons de bois sur lesquels poussent de hautes herbes. Des toits affublés de vraies tignasses que le vent se plaît à décoiffer. Bøur ne se contente pas d'être ravissant, Bøur jouit aussi d'une vue splendide sur l'embouchure du fjord. Au-dessus des flots surgissent l'îlot de Tindhólmur, effilé comme une écharde, et ses comparses, les rochers de Drangarnir. Un paysage si spectaculaire se devait de figurer sur les billets de 200 couronnes féroïennes.

OPÉRATION TINDHÓLMUR

— ◊ —

Enfin nous y sommes. Après plusieurs reports dus à une météo hostile, nous avons pu accoster non sans mal sur l'îlot de Tindhólmur, au large de l'île de Vagar. Nous voici au pied de l'inquiétant pic de l'Aigle, qu'on ne pouvait quitter des yeux durant la traversée. Sa façon de taillader le ciel hypnotise, évoque des supplices. Sur l'un de ses flancs, les macareux, oiseaux peu impressionnables, creusent leurs terriers d'où ils décollent pour aller chercher leur pitance dans la mer qui, inlassablement, vient se cogner plein pot contre les rochers (on estime à plus d'un million les macareux qui viennent se reproduire aux Féroé). Une partie plane, insoupçonnable de prime abord, recueille entre ses plis de l'eau de pluie qui en s'accumulant forme des miroirs biscornus. Dedans se reflète le pic de l'Aigle. Des huîtriers pie au bec vermillon patrouillent sur les bords. Comme partout dans les îles Féroé, des moutons font leur devoir en broutant. La mer se forme. Il est temps de rentrer si nous ne voulons pas trouver refuge pour la nuit dans la seule cabane présente sur l'îlot.

UNE ÎLE SANS PERSONNE

— ◊ —

Lítla Dímun est la plus petite des îles Féroé et la seule sur dix-huit qui soit inhabitée. Un caillou pointu de moins d'un kilomètre carré dont le pourtour n'est que falaises. Y mettre une maison est impensable ; en revanche, on peut y hisser des moutons. À défaut de se rendre sur place, on peut la contempler depuis l'île de Suðuroy au cours d'une randonnée qui conduit jusqu'à la vallée de Hvannhagi. Quelques gros rochers gisent dans son creux à proximité d'un petit lac où les Féroïens n'hésitent pas à se baigner en été pour conclure en beauté une escapade au cœur d'une nature brute.

CASCADES EN CASCADES

— ◊ —

Elles surgissent de partout, les cascades. C'est qu'il faut bien évacuer toute l'eau qui tombe du ciel et gorge la terre. À Gásadalur, sur l'île de Vágar, la cascade de Múllafossur qui se jette dans l'océan Atlantique avec beaucoup de panache n'en finit pas de recevoir des cohortes d'admirateurs. Pour lui rendre visite, on aurait pu comme tout le monde emprunter en voiture le tunnel percé en 2006. Au lieu de ça, on a gravi la montagne très raide. Des fulmars, toutes ailes déployées, nous escortaient sans effort, se laissant ballotter par le vent. Arrivés au sommet, on l'a vue tout en bas de l'autre versant qui déversait sa gerbe écumante. Il ne restait plus qu'à descendre sans trop prêter attention aux fulmars insolents. À noter qu'aux Féroé, les chutes d'eau ne chutent pas toujours vers le bas comme le commande la gravité, mais au contraire remontent lorsqu'elles sont giflées par de méchantes rafales.

DES MOUTONS ET DES HOMMES

— ◊ —

Føroyar (îles Féroé), voici un nom qui ne trompe pas sur la marchandise, vu qu'il signifie littéralement Îles des moutons. Alors que la population des îles Féroé excède tout juste les 50 000 personnes, les moutons sont au moins le double. C'est simple, il y en a partout. Aucune pente ne leur fait peur et aucun ne manque à l'appel à l'heure de brouter... sauf un : le bélier aux cornes et sabots d'or qui figure sur le blason de cette province autonome danoise.

LES GIVRÉS DU SURF

— ◊ —

À l'extrémité nord de l'île de Stremoy, dans la baie de Tjørnuvík, l'eau affiche 8 °C. Pas de quoi dissuader des surfeurs ayant revêtu une combi néoprène de 5 mm. C'est ici que Théo, un Français, a découvert le surf et a eu le temps de se perfectionner durant le confinement. Il aime tellement ça qu'il n'est pas reparti. Désormais, il donne des cours aux débutants dans l'unique école de surf des Féroé, fondée par Katrin W. Bærentsen : *« C'est devenu branché chez les surfeurs de trouver des spots en mer froide avec des vagues bien dures et un paysage à couper le souffle,* explique-t-elle. *En 2024, on a accueilli 200 surfeurs plutôt en hiver. Mais pour débuter, c'est mieux l'été. Et s'il n'y a pas de vagues, on sort les paddles. »*

Ci-contre : phare de Mykines. / Lac Sorvagsvatn sur l'île de Vagar. / Mouton et macareux moine.

ALORS QUE
LA POPULATION
DES ÎLES FÉROÉ EXCÈDE
TOUT JUSTE LES
50 000 PERSONNES,
LES MOUTONS
SONT AU MOINS
LE DOUBLE.

PRATIQUE

ALLEZ-Y SI

Vous préférez la compagnie des moutons à celle des hommes ; vous trouvez les macareux très mignons ; vous aimez les petites maisons avec la prairie qui pousse sur le toit.

ÉVITEZ SI

Vous êtes soluble dans l'eau ; vous n'aimez pas sortir décoiffé ; vous avez le vertige.

COMMENT Y ALLER ?

A/R Paris–Vágar (2 h 40) avec Atlantic Airways, puis un ferry entre les îles : www.ssl.fo.

QUAND PARTIR ?

L'été reste vraiment la meilleure saison, malgré une météo souvent capricieuse.

MONNAIE

Dans cette province autonome danoise, on paye avec des couronnes féroïennes et des couronnes danoises. Mais attention, vous ne pourrez pas changer vos couronnes féroïennes hors de l'archipel.

Plus d'infos : www.visitfaroeislands.com.

Ci-contre : la plage volcanique la plus pittoresque des îles Féroé, vue du ciel.

FORMENTERA, FORCÉMENT !

Affleurant tout juste au-dessus des flots, l'île de Formentera cultive la discrétion, à la différence d'Ibiza, sa voisine extravertie. Surtout ne pas trop en faire, car cela pourrait rompre l'enchantement créé par une nature préservée, des décors spectaculaires, des eaux d'un bleu de rêve et une ambiance propice à prendre la vie du bon côté.

Et pourquoi en guise d'introduction ne pas citer l'extrait d'un roman de Jules Verne quand fort à propos y figure le nom de Formentera ? Le voici : « *"Formentera !" s'écrièrent presque à la fois le comte Timascheff et le capitaine Servadac.* » Étonnant, non ? Les deux compères n'en reviennent pas, cependant, c'est bien à Formentera qu'une comète inconnue, après avoir effleuré la Terre, en a enlevé quelques parcelles avec leurs habitants, et les a entraînées jusque dans le monde sidéral. De tous les *Voyages extraordinaires* imaginés par l'écrivain, *Hector Servadac, Voyages et Aventures à travers le monde solaire* est sans doute l'un des plus fous, un roman dans lequel Formentera tient l'un des premiers rôles en se trouvant donc emportée à travers l'espace. L'événement relève encore du domaine de la science-fiction, et c'est heureux, car on ne se voyait pas sillonner les galaxies à cheval sur une comète pendant des années.

DU CÔTÉ DU PHARE DE LA MOLA

Évidemment, la présence de Formentera dans un livre de Jules Verne ne pouvait pas échapper à l'attention des autochtones. Très fiers, ils ont rendu hommage à *Julio* par l'entremise d'une plaque et d'une effigie incrustées dans un monolithe planté à proximité du phare de La Mola. À cet endroit qui aurait certainement plu à l'auteur, l'île, après s'être élevée en pente douce, se casse net, plonge tout droit dans la mer 120 mètres plus bas. Eh bien, ces falaises vertigineuses à seulement quelques pas de sa tour, le phare les méprise. Lui ne regarde pas ses pieds, mais le grand large que chaque nuit il balaye avec son faisceau lumineux.

L'ÎLE, APRÈS S'ÊTRE ÉLEVÉE EN PENTE DOUCE, SE CASSE NET, PLONGE TOUT DROIT DANS LA MER.

Ci-contre : phare blanc de La Savina. / Ci-dessus : plage d'Es Trucadors.

DES LÉZARDS ET DES MÉHARI

— ◊ —

Il ignore aussi les lézards qui pullulent sur tout le territoire et ne tiennent pas en place. De splendides lézards endémiques dont la peau, qui varie du bleu électrique au turquoise, imite toutes les nuances de la mer. Avant de s'appeler Formentera, l'île était connue sous le nom d'Ophiussa, soit l'île des serpents. Chose mystérieuse vu qu'il n'y en a pas. C'est « l'île des lézards » qui s'imposait. Aujourd'hui, on pourrait aussi l'appeler l'île des Méhari en hommage à cette sorte de petite jeep à la carrosserie en plastique construite par Citroën entre 1968 et 1987. Elles sont en effet nombreuses malgré leur grand âge à parcourir piano piano les chemins de terre si caractéristiques de Formentera. Lorsqu'elles font hennir leurs chevaux, qu'elles atteignent leur vitesse maximale, on peut encore en se penchant par la portière cueillir au vol sur le bord de la route des coquelicots sans se décoiffer. Symboles de liberté et d'insouciance, on dirait qu'elles ont été conçues pour s'épanouir dans l'ambiance très cool de Formentera. À défaut d'une Méhari, un VTT électrique s'avère un compagnon inestimable pour aller de plage en plage, de village en village, de moulin en moulin, de tour en tour, de crique en crique… en empruntant le réseau des *rutas verdes* dont les panneaux signalétiques, cela paraît à peine croyable, ont semble-t-il été disposés de façon à brouiller les pistes. Est-ce l'œuvre d'un employé farceur ou celle d'un pervers consumé par la haine des cyclistes ? En tout cas, on fait fausse route plus souvent qu'à son tour, mais dans le cadre bucolique de Formentera, on ne se formalise pas. Au contraire, on apprécie finalement de perdre son temps et d'aller là où l'on n'avait pas prévu, et de dénicher ici et là, enfouies sous la végétation, des maisons traditionnelles qui ont adopté la maxime « Pour vivre heureuses, vivons cachées ». C'est en pédalant jusqu'à la pointe sud-ouest de l'île que l'on atteint le phare de Barbarie. Bien campé sur la falaise à l'extrémité d'une longue route rectiligne, il a devant lui la Méditerranée qui, s'étendant à perte de vue, se confond avec le ciel bleu. C'est le phare du bout du monde. Tiens, un roman de Jules Verne s'intitule justement *Le Phare du bout du monde*. Étonnant, non ?

PRATIQUE

ALLEZ-Y SI

À *50 nuances de gris*, vous préférez 50 nuances de bleu ; Ibiza vous a épuisé ; il ne vous déplaît pas d'exposer votre corps nu à la vue de tous sur une plage ; lézarder est votre péché mignon.

ÉVITEZ SI

Vous ne supportez pas de vous paumer (un comble sur une petite île) ; la mer style Caraïbes, ce n'est pas votre truc ; vous préférez une Porsche à une Méhari.

COMMENT Y ALLER ?

A/R Paris–Ibiza (2 h 05) avec Transavia.
À l'aéroport, Fly & Vai propose un service de navette en bus jusqu'au port d'Ibiza avec des billets de bateau pour Formentera : www.flyevai.com.
La compagnie de ferry Trasmapi effectue la traversée vers Formentera : www.trasmapi.com.

QUAND PARTIR ?

Avril, mai, septembre et octobre sont les mois idéaux pour randonner à pied ou à vélo en évitant les grosses chaleurs.

Plus d'infos : www.formentera.es.

Page de gauche : plage de Ses Illetes. / Ci-contre : phare de La Mola. / Lézard prenant le soleil sur un rocher. / Plage d'Es Trucadors.

GÉORGIE

CAUCASE XXL

À peu près grande comme l'Irlande, la Géorgie se prélasse entre les flots tranquilles de la mer Noire et les montagnes majestueuses du Caucase. Délaissant les rivages, nous avons roulé sur des routes vertigineuses pour atteindre deux régions nichées entre des cimes orgueilleuses : la Svanétie et la Touchétie.

Tbilissi, Gori, Khashouri, Zestaponi, Koutaïssi, Sénaki et finalement Zougdidi, ultime ville avant de s'engager dans la vallée de l'Ingouri qui mène en Haute-Svanétie. On a roulé à bonne allure. Juste une pause au bord de la route, le temps d'acheter quelques *tchourtchkhéla* (sorte de saucisse sèche confectionnée avec du jus de raisin et des noisettes, l'alternative géorgienne à la barre de céréales – [kh] se prononce comme une jota) et des *khatchapouri* (pain au fromage que l'on trouve dans tout le pays avec des variantes régionales, l'alternative géorgienne à la pizza, qui mériterait une reconnaissance internationale). Maintenant la route s'élève tranquillement en épousant les courbes de la rivière Ingouri. Au-delà de 1000 m d'altitude, la vallée s'élargit, la forêt commence à battre en retraite, les sommets empanachés de blanc se découpent dans le ciel. Puis apparaissent les premières tours, annonciatrices de Mestia, un bourg dont les 3 000 habitants suffisent à lui conférer le titre de « capitale » svane. Hautes de 20 à 30 m, les tours, trapues à leur base et s'amincissant légèrement à mesure qu'elles s'élèvent, avaient une vocation défensive au Moyen Âge. Chaque famille avait la sienne et sitôt qu'un envahisseur hirsute, puant, et vivant de rapines, pointait le bout de son glaive, toute la famille se claquemurait à l'intérieur avec assez de provisions pour attendre qu'il décampe. Au besoin, les assiégés pouvaient lui jeter quelques projectiles depuis le mâchicoulis recouvert d'un toit. C'était le bon temps. Au XIXe siècle, elles ne furent d'aucun secours quand la Russie impériale décida de s'emparer de la Géorgie province après province, idem, quand la Russie soviétique en 1921 mit fin à la République de Géorgie qui n'avait que trois ans. De nos jours, les tours attendent avec impatience de nouveaux envahisseurs : les touristes, certains hirsutes et puants à l'issue d'une éprouvante randonnée, mais qu'il n'est plus question d'envoyer paître.

Ci-contre : Touchétie. / Ci-dessus : lac Koruldi dans le parc national de Svaneti.

LES TOITS DE LA GÉORGIE

— ◊ —

Et si on chaussait des brodequins pour aller tâter du Caucase ? Après un passage en forêt, le sentier débouche sur des alpages fréquentés par des chevaux dont la robe bai, sous les rayons du soleil, miroite comme un vieux meuble d'acajou qu'on viendrait d'astiquer. Plus haut, à 2 730 m d'altitude, il y a le lac Koruldi. C'est notre but. Plus haut encore, à 4 710 m, il y a le fameux mont Ouchba. Son sommet en forme de M est reconnaissable entre tous. Outre le mont Ouchba, il y a le mont Tetnuldi (4 858 m) et plus loin, surpassant tous les autres, le mont Chkhara (5 268 m), le plus haut sommet de la Géorgie. Dommage que son nom soit imprononçable pour un Français moyen. Sans un larynx svane, on court en effet le risque de se péter la glotte en voulant tout à la fois chuinter, racler et rouler les consonnes. Dans un vallon au pied de l'Imprononçable, le village d'Ouchgouli, dont les cinq hameaux s'étagent entre 2 060 et 2 200 m, se flatte d'être le « village habité toute l'année le plus haut d'Europe ». Ici aussi, un climat favorable a favorisé l'éclosion de tours de défense à croire que ce coin perdu était l'objet de toutes les convoitises. Certaines ont tendance à s'effondrer comme dans le hameau de Jibiani au style ouvertement débraillé. Quelques maisons ont depuis longtemps rendu les armes. Sur leurs murs éventrés et leurs toits défoncés prospèrent plantes et arbustes. Sur les chemins de terre, une poignée de cochons déambulent. Couchée sur un flanc, une truie se dore au soleil sans se soucier des gorets affamés qui, pour s'accrocher à une tétine, n'hésitent pas à se piétiner la couenne. « *Oh, la belle vie à Jibiani* !, doit-elle penser. *Une famille douce et aimante, un village classé à l'Unesco, des montagnes majestueuses. Que demander de plus ?* » Peut-être d'aller faire un tour en Touchétie, autre région inaccessible du Grand Caucase, plus à l'est, où autrefois les autochtones prenaient aussi sur leur temps de loisirs pour ériger des tours de défense.

LA ROUTE DE LA PEUR

— ◊ —

Le monastère fortifié d'Alaverdi a été érigé au XIe siècle sur une plaine aussi plate qu'un *khatchapouri* – encore lui –, une plaine se prosternant à plat ventre devant des montagnes droites comme des épées. C'est ici que nous allons troquer notre minibus contre un Mitsubishi Delica. Quatre roues motrices, ça ne se refuse pas quand on ambitionne de rallier la Touchétie. La piste prend vite quelques degrés. C'est une interminable balafre qui serpente d'un versant à un autre en toisant les gouffres. On peut la voir au loin grimper toujours plus haut. Est-ce bien sérieux ? Un mauvais coup de volant nous condamnerait à périr écrabouillés à l'issue d'une chute interminable. Après 5 heures de conduite pour parcourir seulement 40 km, on voit enfin le bout. Un dernier lacet, puis comme par magie, un plateau, jusqu'ici insoupçonnable, émerge devant nous. Sensation de pénétrer dans un royaume secret : la Touchétie.

LA PISTE PREND VITE QUELQUES DEGRÉS. C'EST UNE INTERMINABLE BALAFRE QUI SERPENTE D'UN VERSANT À UN AUTRE EN TOISANT LES GOUFFRES.

Ci-contre : routes dangereuses en Touchétie. / Rivière et village de Dartlo.

LA « TOUCHE TOUCH »

— ◊ —

Dans la prairie satinée, quelques chevaux broutent. Une pente douce conduit jusqu'à Zémo Omalo (Omalo-le-Haut), un village constitué d'une cinquantaine de vieilles maisons de pierres sèches, très élégantes avec leurs balcons de bois ciselés. Plusieurs sont en travaux. Elles en avaient besoin et feront de belles maisons d'hôtes, signe que la Touchétie commence à se faire connaître. Au-dessus de Zémo Omalo (1 880 m), se dressent les tours de Késélo, vestiges d'une époque lointaine où il fallait se protéger contre les pillards en provenance de Tchétchénie et du Daghestan, situés à une poignée de kilomètres. La paix revenue, elles furent ensuite converties en habitations, avec au rez-de-chaussée la pièce où l'on préparait la popote dans un chaudron suspendu au-dessus du foyer central. Que les amateurs de tours se réjouissent, on en trouve aussi dans les villages environnants séparés par des crêtes, à-pics, précipices et autres reliefs vertigineux. À Shenako, à Dartlo, à Diklo, à Parsma aussi, les Touches ont démontré qu'ils avaient plus d'une tour dans leur sac. C'était à qui construisait le plus beau « Manhattan des alpages ». Assez injustement, leurs talents de bâtisseurs n'ont pas impressionné tant que ça les Géorgiens, qui ont préféré colporter que les Touches ne riaient aux blagues que le lendemain, qu'ils étaient en quelque sorte les cousins du crétin des Alpes.

UN BANQUET POUR FINIR

— ◊ —

Après une descente un tantinet angoissante, on fait halte à Akhmeta. Dans une maison enfouie sous une treille exubérante, une longue table a été dressée en notre honneur. C'est à peine si on distingue la couleur de la nappe. Partout, des plats se chevauchent, remplis de *khatchapouri*, *khinkali* (raviolis), morceaux de poulet, salades diverses, gros cornichons, herbes fraîches inconnues… et des bouteilles de vin et d'alcool de toutes les couleurs s'alignent au coude-à-coude. Tout est en place pour le *soupra*, le traditionnel banquet géorgien placé sous l'autorité d'un maître de cérémonie appelé *tamada*. À charge pour ce dernier de rythmer le repas en portant des toasts derrière lesquels chaque convive vide son verre et se tient aussitôt prêt pour le suivant. De passage en Géorgie, Alexandre Dumas avait été impressionné par l'excès de ces libations. « *Un dîner géorgien est un repas où les petits buveurs boivent leurs cinq ou six bouteilles de vin, et les grands leurs douze ou quinze. Quelques-uns ne boivent même pas à la bouteille, ils boivent à l'outre […]. C'est en Géorgie une gloire de boire plus que son voisin. Or, la moyenne du voisin c'est toujours une quinzaine de bouteilles.* » Bacchus nous le pardonne, on ne se couvrit d'aucune gloire. Qu'il nous le pardonne ou pas, d'ailleurs, qu'importe. On était encore ivres de la splendeur de la Touchétie.

Ci-dessus : chèvres de montagne dans le parc national en Touchétie. / Ci-contre : homme à cheval à Ushguli en Svanétie.

PRATIQUE

ALLEZ-Y SI
Vous en avez marre des Alpes ; vous aimez les banquets ; vous voulez découvrir un nouvel alphabet.

ÉVITEZ SI
Vous pensez que le Sakartvelo n'existe pas (c'est le nom que les Géorgiens donnent à leur pays) ; vous avez un appétit de moineau ; vous ne jurez que par les tours de La Défense.

COMMENT Y ALLER ?
A/R Paris–Tbilissi (4 h 30) avec Georgian Airways et Air France.

QUAND PARTIR ?
La meilleure période s'étale de juin à septembre. En dehors de l'été, il y a de la neige en Svanétie et en Touchétie.

Plus d'infos :
Georgian National Tourism Administration (GNTA), www.gnta.ge.

GROENLAND

LE DOUX PIÈGE DE L'ARCTIQUE

Du côté du fjord d'Ammassalik, la très sauvage côte est du Groenland affiche toute la sobriété des hautes latitudes. À l'occasion d'un cabotage entre rochers et glaçons, on rencontre les communautés de pêcheurs qui témoignent des conditions de vie originales du petit peuple du froid.

« No flushing toilets after this point », nous annonce, un poil menaçant, un panneau de l'hôtel *Arctic Wonderland*. À moins de 200 m de l'aérodrome de Kulusuk, la chasse d'eau, fleuron de la civilisation occidentale, prend son congé et renonce à investir la sauvagerie glacée de la côte est du Groenland.

Ci-contre : fjord d'Ammassalik. / Ci-dessus : baie de Disko.

DES TOUTOUS CHIENS-LOUPS

— ◊ —

Au détour d'une congère, le long de la piste qui conduit au village, une longue caisse en contreplaqué patiente au milieu d'une forêt de petites croix blanches. Le cercueil – car c'en est un – ainsi que son locataire devront patienter jusqu'au plein été pour trouver leur dernière demeure. Ici, la terre gelée se refuse aux enterrements. Voici enfin la côte et ses morceaux de banquise qui font comme un semi de polystyrène émietté flottant sur l'eau sombre. Sous un ciel d'acrylique, gris uniforme et dépoli, une volée de bicoques peinturlurées de couleurs chaudes s'égaille sur un littoral cabossé par les glaciers. Enchaînés à chacune d'elles, deux ou trois molosses aux yeux éteints attendent l'hiver en se grattant l'oreille ou en se léchant les pattes. « *N'approchez pas trop des chiens, on ne sait pas trop s'ils sont nourris ou non !* » prévient sans rire le guide Einar. Des quatre races nordiques de chiens de traîneau – avec le husky sibérien, le malamute et le samoyède –, le groenlandais a certainement la plus mauvaise réputation. Un teigneux, un irritable, un bagarreur, à surveiller comme le lait sur le feu. Ce qui ne l'a pas empêché d'avoir pris part à la plupart des grandes expéditions polaires : il est aux côtés de Robert Peary dans sa « conquête » du pôle Nord en 1909, on le retrouve en 1911 au pôle Sud avec Amundsen, dans la traversée du Danois Knut Rasmussen entre le Groenland et l'Alaska en 1921-24. Et il est bien sûr le favori de Paul-Émile Victor, compagnon de toutes ses aventures au Groenland comme en terre Adélie. La génétique révèle qu'il est le plus proche des loups. La légende veut que lorsque leurs chiennes étaient en chaleur, les Inuits les attachaient un peu à l'écart du campement pour qu'elles soient couvertes par des loups. Il a en tout cas hérité d'un « caractère entier » qui n'incite guère aux papouilles et autres familiarités.

LE DICAPRIO DES GLACES

— ◊ —

Sigurdur Petursson, œil bleu glacier et barbiche de neige, nous attend sur son navire, le *Uiloq*, la « *Moule* ». Malgré ce nom de baptême embarrassant, le *Uiloq* se révèle l'instrument parfait pour explorer le fjord d'Ammassalik. Débarqué d'Islande il y a 28 ans pour faire le pêcheur, Sigurdur, qui préfère se faire appeler Siggi – qui pourrait l'en blâmer ? – tient à battre en brèche quelques idées reçues. « *En fait, la vie au Groenland n'a rien de difficile ou compliqué. Elle est simplement différente. Et l'hiver est la meilleure saison : les journées sont calmes, la mer est entièrement gelée et on se déplace facilement en motoneige.* » Même s'il n'est jamais parvenu à maîtriser l'inuktitut, la langue locale, Siggi ne s'en est pas moins parfaitement intégré : à 65 ans, toujours vert sous son nuage de cheveux blancs, il vient d'épouser une jeunesse inuk de 20 ans. Désormais, notre DiCaprio des glaces loue son bateau aux touristes et aux équipes scientifiques qui viennent de plus en plus nombreuses pour étudier les conséquences du réchauffement climatique. « *Le réchauffement ? Tout le monde s'en fout ici. Les Inuits ont toujours su s'adapter, il n'y a pas de raison que ça change.* » Si les gens du Sud s'inquiètent sur le devenir des pôles, il faut bien reconnaître que les populations autochtones, à quelques exceptions près, ne se mettent pas la rate au court-bouillon. Sur place, le voyageur tente bien quelques questions au sujet de la fonte précoce de la banquise ou de la fin programmée des ours blancs, mais il se heurte bien souvent à un désintérêt manifeste, au mieux, à une désinvolture polie. « *Si la banquise se disloque plus tôt au printemps, alors on sortira les bateaux plus tôt et on pêchera davantage* », explique sans émotion un pêcheur inuk, soucieux cependant des nouvelles espèces de poissons que le réchauffement des eaux pourrait engendrer.

L'ÂGE DE GLACE

— ◊ —

Sous la coupole d'un ciel bleu pur, le *Uiloq* met le cap au nord et fait de son mieux pour rejoindre Tassilaq de l'autre côté du golfe, encombré de gros glaçons soufflés du large. L'absence de vie apparente est stupéfiante : pas le moindre craillement de mouette, pas le moindre phoque alangui sur la glace, pas le moindre remous suspect dans l'eau noire, tout n'est que minéralité, impassibles étendues d'atomes purs, rochers ivres d'air et de lumière et fragments de glace avec la goutte au nez. Les *floes*, larges morceaux de banquise aux errances sournoises autant qu'imperceptibles, semblent s'être concertés pour nous bloquer le passage. La coque de la « *Moule* » rebondit d'une plaque à l'autre. Les pièces du puzzle de glace éparpillées à la surface finissent par se regrouper et s'ajuster les unes aux autres. L'Arctique resserre ses mâchoires et nous avale tout cru.

PRATIQUE

ALLEZ-Y SI

Vous n'aimez pas la foule – le pays ne compte que 56 000 habitants – ; vous êtes ouvert aux expériences culinaires exotiques (lard de narval, gras de béluga, steak d'orque, ragoût de phoque, rorqual de Minke à la plancha...).

ÉVITEZ-SI

Vous ne pouvez vous empêcher d'aller faire des gros câlins à tous les chiens que vous croisez ; des toilettes sans chasse d'eau vous semblent totalement inconcevables ; vous êtes une grande blonde et vous vous appelez Brigitte Bardot.

COMMENT Y ALLER ?

A/R Paris–Kusuluk (petite île au sud-est du Groenland qui possède un aéroport) avec Iceland Air ou Flyplay en passant par Reykjavik en Islande : 7 h de vol avec escale.

QUAND PARTIR ?

La période idéale commence à partir de juin jusqu'en septembre. En hiver, la région est entièrement prise par les glaces.

Plus d'infos : visitgreenland.com.

Ci-dessus : fjord d'Ammassalik. / Village pittoresque de Tasiilaq. / Chiens de traîneau à Kulusuk. / Le fjord King Oscar.

IRLANDE

ACHILL, UNE ÎLE DANS LE VENT

Arrimée par un pont aux côtes du comté de Mayo, la plus grande des îles irlandaises cultive sa «celtitude» avec bonheur, à l'écart du monde. Entre deux bourrasques, l'île d'Achill dévoile son lot de patriarches aimables et d'ovins insolents.

LE « MOUTON À TÊTE NOIRE » A ÉTÉ INTRODUIT DEPUIS L'ÉCOSSE DANS L'OUEST DE L'IRLANDE AU COURS DES ANNÉES 1850.

LE MOUTON, LA MASCOTTE DE L'ÎLE

— ◊ —

L'Inde a ses vaches sacrées, le Mayo a ses moutons. À peine franchi le pont tournant qui arrime l'île d'Achill à l'Irlande et l'empêche d'être emportée par le Gulf Stream, l'automobiliste comprend vite que désormais l'ovin fait loi. Ils cavalent en bandes éparses dans la lande rousse, tiennent conseil sur les plages toison au vent, prennent leurs aises sur l'asphalte en défiant les véhicules.
Le néophyte a beau se concentrer, il est hélas un peu dépassé par cette ribambelle de têtes noiraudes. Le « mouton à tête noire » a été introduit depuis l'Écosse dans l'ouest de l'Irlande au cours des années 1850, juste après la Grande Famine provoquée par l'épidémie de mildiou et l'incapacité du gouvernement britannique. Au pied du mont Slievemore, les ruines éparses d'un village rappellent ces temps cruels. Il y avait là 137 cottages de pierre, misérables chaumières d'une pièce, abandonnées pour la plupart à partir du XIXe siècle.

Ci-contre : château de Kildavnet. / Ci-dessus : moutons le long de la plage de Keem.

BALÈZES FALAISES ET CROISSANTS DE PLAGE

— ◊ —

La charmante route côtière qui file vers l'ouest d'Achill longe quelques superbes croissants de plage coincés entre deux murailles de schiste : Keel, ses gentils rouleaux et ses gentils surfeurs, Dooagh où un beau matin de septembre 1982 un certain Don Allum a débarqué avec son rafiot après avoir traversé l'Atlantique à la rame dans les deux sens — il faut bien s'occuper… – ou encore Keem Bay où de 1947 à 1984 on a péché le requin-pèlerin au harpon.

Un ruisseau noir et mousseux comme une Guinness glougloute dans les bruyères. Les escarpements côtiers du Croaghaun comptent parmi les plus hautes falaises d'Europe. La mer a tourné à l'étain et roule ses flots autour des promontoires. Là-bas, derrière l'amoncellement de ouate grise sur l'horizon, c'est New York. Un lièvre gambade le long des crêtes suspendues au-dessus de l'océan avant de prendre peur et de s'évanouir dans la vallée en contrebas où miroitent deux adorables petits lacs glaciaires. L'endroit idéal pour s'allonger dans le creux d'un rocher à l'abri du vent, et méditer un brin d'herbe entre les dents sur l'avenir de la planète et les fluctuations du CAC 40.

LES PÉPITES D'ACHILL

Keem Bay : l'une des plus jolies plages d'Irlande, faite de sable fin, avec peu de courants marins ou de vagues. Entre avril et juillet, grandes chances d'observer des requins-pèlerins depuis la plage.

Le mont Croaghaun : le plus haut sommet de l'île peut se visiter depuis le parking de Keem Bay en longeant les falaises ou bien depuis le petit lac d'Acorrymore. Superbe panorama sur la presqu'île de Mullet au nord, sur le Connemara au sud.

Le village fantôme de Slievemore : au pied de la montagne du même nom, au nord de l'île, les ruines d'environ 80 maisons en pierre sèche sont encore debout et donnent un aperçu des rudes conditions de vie qui prévalaient au XIXe siècle.

Ci-dessus : baie de Keem ou Keem Bay. / Ci-contre : maison et casiers. / Ruines des maisons du village déserté de Slievemore.

PRATIQUE

ALLEZ-Y SI

Vous aimez l'odeur de la tourbe et le whisky qui va avec (87 % de l'île sont couverts de tourbe) ; vous voulez écluser une sirupeuse Guinness dans le pub le plus occidental d'Europe (c'est le Gielty's, à Dooagh).

ÉVITEZ SI

Vous êtes amateur de balades en forêt (l'île était recouverte de pins écossais il y a 5 000 ans, mais il n'y a plus que les souches) ; vous n'aimez pas la viande d'agneau (dommage, car celui d'Achill, qui broute un mixte de plantes marines et de montagne, est réputé fort goûteux).

SITUATION

Achill est la plus grande des îles d'Irlande (24 km de large et 19 km de long), sur la côte nord-ouest, dans le comté de Mayo, entre les villes de Galway et de Sligo. L'île est habitée depuis 5 000 ans, mais c'est surtout au XVIIe siècle que sa population augmente, suite à l'arrivée massive d'Irlandais chassés de leurs terres par Cromwell. Elle compte aujourd'hui 2 440 habitants. Achill est parfaite pour les amoureux de la nature, les photographes amateurs de paysages dramatiques et décharnés et tous ceux qui cherchent à vivre l'Irlande « authentique ». Elle permet d'avoir un aperçu de la campagne rurale et tranquille, loin des foules, qui rappelle l'Irlande d'autrefois.

COMMENT Y ALLER ?

A/R Paris–Dublin avec la compagnie irlandaise Aer Lingus, Transavia ou Vueling (2 h de vol) puis prendre une location de voiture pour rejoindre Achill en 4 h de route.
Un pont tournant ouvert toute l'année la relie à la terre ferme.

QUAND PARTIR ?

Comme partout en Irlande, la météo est du genre versatile. Tous les temps, de la pluie battante en rafales jusqu'au grand beau sont envisageables dans la même journée. Bien sûr, on réduit le risque de se faire mouiller durant les mois d'été. Pour avoir une chance d'observer les requins-pèlerins, privilégier la période d'avril à septembre.

Plus d'infos : www.irlande-tourisme.fr.

ITALIE

SUD-TYROL, LA MONTAGNE MAGIQUE

Laissez derrière vous Roméo, Juliette et Vérone. Filez plein nord vers le Sud-Tyrol ou Haut-Adige, un coin d'Italie où le « Ti amo » côtoie le « Ich liebe dich », où le « vino rosso » fait copain avec le « Weißwein », un coin d'Italie où le soleil brille presque toujours sur les plus belles montagnes du monde : les Dolomites !

Et si pour commencer on parlait d'Ötzi, un type mort il y a environ 5 300 ans. Un type dont le corps a été retrouvé en 1991 par Helmut et Erika Simon alors qu'ils crapahutaient sur une ligne de crête à plus de 3 000 m d'altitude dans le massif de l'Ötzal – d'où son nom –, à la frontière entre l'Italie et l'Autriche. Ötzi, miraculeusement conservé sous la glace pendant des siècles et des siècles, venait de réapparaître avec toutes ses dents à la faveur du réchauffement climatique. Ötzi est donc un ancêtre des Tyroliens et qui dit tyrolien dit Tyrol et qui dit Tyrol dit… Italie. Étonnant, non ?

Ci-contre : les Tre cime di lavaredo. /
Ci-dessus : refuge Locatelli dans les Dolomites.

OBJECTIF : LE TRE CIME

– ◊ –

Le temps d'une escapade vers les sommets, interrompons ce préambule préhistorique à l'instant crucial où nous découvrons que le Tyrol, du moins une partie, se trouve en Italie. Mais pas question de faire plus longuement attendre les Dolomites. À 6 h 30 du matin, dans le Val Fiscalina (Fischleintal), le froid pique un peu en dépit d'un soleil de juin déjà bien en forme. Les premiers rayons éclairent les pointes des montagnes acérées comme des poignards qui surgissent au-dessus de la forêt de pins, de sapins et d'épicéas. Objectif : le refuge Locatelli, perché à 2 450 m. Il faudra pour l'atteindre s'élever de 900 m. Ce n'est pas rien et le sentier, pressé de nous y conduire, ne s'embarrasse pas de préliminaires. D'entrée ça grimpe sec. Alors que nous passons dans le Val Sasso Vecchio (Altensteinertal), un bouquetin surpris en train de baguenauder au pied d'une falaise décide de prendre ses distances en escaladant tout bonnement la paroi verticale. Un bond, deux bonds, trois bonds, il se tient déjà à plus de 10 m de hauteur. En cinq minutes, au mépris de la loi de la pesanteur, le mâle, car c'est un mâle d'après Christian Schwienbacher notre guide qui le suit avec ses jumelles, a avalé les trois quarts de la face patibulaire et disparaît derrière une saillie. « *– Mais Christian, ôtez-moi d'un doute, une* étagne *aurait accompli ce prodige avec la même aisance diabolique ? – Oh oui ! La femelle ne cède en rien au mâle quand il s'agit de gravir les pentes les plus escarpées. Autrefois, les chasseurs qui tuaient un bouquetin buvaient sur place une rasade de sang frais afin de s'approprier un peu de sa force.* » Le nôtre a détalé trop vite pour qu'on puisse pratiquer une saignée pour la route. Plus loin, une croix de bois surmontée d'un petit toit est plantée dans l'herbe tendre contre un petit rocher. Sur une plaque ornée, hommage est rendu à un marcheur auquel il a manqué justement un peu de sang de bouquetin pour aller jusqu'au bout. Le pauvre est mort le 19 juillet 1994 à 67 ans sans

MessnerMountainMuseum Corones

voir les Tre Cime di Lavaredo (2 999 m) (Drei Zinnen). La faute probablement à une crise cardiaque alors que le but était si proche. À cet endroit justement, le chemin se fait plus doux et le col où trône l'imposant refuge Locatelli est vite atteint. Et là, stupéfaction, sur une fine arête rocheuse, les Tre Cime comme trois griffes jaillissent vers le ciel, le transpercent. On reste longtemps à les contempler. D'autres ne s'en contentent pas. Ils ressentent le besoin irrépressible de les escalader. Citons Thomas Huber, un grimpeur allemand, qui en 2008 fit l'ascension des trois sommets en moins de 24 heures en redescendant deux fois en base-jump. Même les pourfendeurs de *l'hubérisation* n'ont pu s'empêcher de saluer pareil exploit.

RENCONTRE AVEC UNE LÉGENDE

– ◊ –

Après l'éblouissement des cimes, retour à l'histoire et au Tyrol, dont la partie au sud du col de Brenner devient italienne en 1919 en vertu du traité de Saint-Germain-en-Laye après avoir appartenu pendant cinq siècles à l'Autriche. Le Sud-Tyrol est né. Voilà pour la version germanophone. Les italophones (27 % de la population) parlent eux du Haut-Adige. Nommé Premier ministre en 1922, Mussolini instaure une politique d'italianisation forcée. Petit retour de bâton en 1943 à la faveur de l'invasion de l'Italie jusqu'à Naples par les troupes allemandes. Fin de la guerre. Aujourd'hui, le Sud-Tyrol est une région autonome à statut spécial où le bilinguisme est la règle. Ne pas oublier toutefois le ladin, la troisième langue officielle appartenant au groupe rhéto-roman (pour votre gouverne, sachez que « bienvenue dans notre belle vallée » se dit « *bënunì te nosta bela valeda* ») et parlée par 18 000 personnes dans deux vallées. Comme son nom l'indique, Reinhold Messner s'exprime de préférence en allemand ou plutôt en *südbairisch*, une variété dialectale, mais qu'importe. Reinhold Messner est cet alpiniste mi-homme, mi-dieu qui le premier a conquis l'Everest sans oxygène, qui le premier a gravi tous les 8 000 m, 14 au total. Il faut le voir déambuler à travers son sixième et dernier musée consacré à l'alpinisme traditionnel – le MMM Corones (« couronne » en ladin) perché au sommet du Kronplatz (2 275 m) – pour se faire une idée de la vénération qui l'entoure. Dans son sillage, les mâchoires se décrochent, les yeux s'écarquillent, les bouches qui voudraient parler n'exhalent que des soupirs. On s'attend à ce qu'il accomplisse un miracle en levant simplement la main. Juste un de plus pour ce septuagénaire à la carrure étrangement frêle au vu de ses performances, mais dont l'éclat des yeux témoigne d'une énergie farouche. Installé sur un balcon du musée aux formes bizarroïdes imaginées par l'architecte Zaha Hadid, le patron se repaît de l'incroyable panorama sur les Dolomites et rappelle ce que disait Le Corbusier à leur sujet : « *les plus belles constructions du monde.* » C'est là qu'il a gravi son premier sommet à l'âge de cinq en compagnie de son père, là aussi qu'il a affronté les pires difficultés techniques. Le musée ne se contente pas de surprendre par son architecture, la scénographie produit aussi son effet. Beaucoup de citations d'alpinistes, et des reliques (piolets, pitons, cordes… ayant servi aux cours d'ascensions fameuses), sculptures et peintures. Pas de photos, car jugées artificielles. Un minimalisme à l'image de sa philosophie de la grimpe : partir le plus léger possible, pas de camp préétabli, pas de sherpas, respecter la montagne en somme. Et tout le reste n'est pour lui que tourisme ou « alpinisme de piste », comme on dit ski de piste. « *Où commence l'alpinisme après que le tourisme a atteint le sommet de l'Éverest ? Pas forcément loin de chez soi. Il reste heureusement d'autres sommets plus petits, mais plus difficiles. Ne pas oublier que l'alpinisme est affaire de culture plus que de sport et qu'il appartient à la culture européenne. On peut en être fier* », conclut celui qui prit le temps d'être député européen vert pendant cinq ans. Pour vous cultiver, randonnez !

Ci-contre : refuge. / Bouquetin des Alpes. / Musée Messner de la montagne à Kronplatz.

PRATIQUE

ALLEZ-Y SI

Vous aimez Goethe et Dante, la bière et le vin d'un amour égal ; vous avez l'agilité d'un bouquetin pour gravir les montagnes ; vous raffolez des histoires de momies.

ÉVITEZ SI

Vous avez échoué à gravir les Buttes-Chaumont sans oxygène ; vous pensez comprendre le ladin avec vos souvenirs de latin ; pour vous, l'Italie commence et finit à Rome.

COMMENT Y ALLER ?

A/R Paris–Venise (1 h 35) avec Air France, Easy Jet, Ryanair, Transavia, puis voiture jusqu'à Bolzano ou les Dolomites avec la navette Cortina Express. A/R Paris–Vérone (1 h 35) avec Transavia, puis train ou bus jusqu'à Bolzano (150 km).

QUAND PARTIR ?

Les meilleurs mois pour visiter le Sud-Tyrol si on ne pratique pas les sports d'hiver sont juin, juillet, août et septembre.

À VOIR

MMM Corones Reinhold Messner : le sixième musée conçu par le légendaire Messner et dédié à l'alpinisme traditionnel : www.messner-mountain-museum.it.
Tre Cime di Lavaredo (*Drei Zinnen*) : passer sans les voir, c'est comme aller à Paris sans apercevoir la tour Eiffel (www.drei-zinnen.info).

Plus d'infos : www.suedtirol.info.

Ci-contre : lac de Braies.

NORVÈGE

SVALBARD, UN JOUR SANS FIN

Bien au frais en pleine mer de Barents à seulement un millier de kilomètres du pôle Nord, l'archipel du Svalbard, aussi surprenant que cela puisse paraître, est une destination de week-end. Entre mi-avril et mi-août, quand le soleil ne se couche jamais, quatre jours suffisent pour se mettre dans la peau d'un explorateur polaire sans risques ni gelures. Décollage pour Longyearbyen, la capitale.

LE SPITZBERG DANS LA PEAU

– ◊ –

Kjersti vient de Trömso sur le continent, mais travaille pour l'office du tourisme du Svalbard et ce pays lui est rentré dans la peau. Littéralement, à en juger par le tatouage de l'archipel qui recouvre son épaule gauche. Tout y est. La carte avec les contours précis, la cabane de trappeur, l'ours polaire, une sterne ainsi qu'un point rouge indiquant Longyearbyen. En tee-shirt par 8 °C, elle lance : « *Quand tu as vu une fois ce paysage, c'est comme une maladie, ça te rentre dans le sang et tu le gardes avec toi pour toujours.* »

Ce sentiment d'être happé par l'immensité, Katia l'a connu aussi. Venue d'Allemagne pour étudier la géologie pendant six mois, elle est restée. À 27 ans, cette guide accompagnatrice kayak dit en souriant un fusil à la main : « *J'ai été mordue par l'Arctique. L'été, je suis toujours dehors. Je culpabilise si je ne sors pas, car après je sais que la nuit sera longue.* » Sara, vendeuse suédoise dans une boutique de souvenirs, ne voit pas arriver l'hiver avec angoisse. Elle aime autant l'été sans nuit que la nuit sans jour : « *Tout le monde ici sait que le soleil restera sous l'horizon du 26 octobre au 16 février avec une vraie nuit noire qui durera deux mois et demi. On se croise à peine durant l'été, mais l'hiver on s'invite à tout bout de champ, on devient des animaux très sociaux.* »

« QUAND TU AS VU UNE FOIS CE PAYSAGE, C'EST COMME UNE MALADIE, ÇA TE RENTRE DANS LE SANG ET TU LE GARDES AVEC TOI POUR TOUJOURS. »

Ci-contre : iceberg sculpté. / Ci-dessus : ours polaire sur la glace.

GRISE MINE

— ◊ —

Si, au Svalbard, la chose la plus excitante qui puisse vous arriver est de voir un ours blanc, vous allez d'abord vous frotter à son passé minier. À l'entrée de l'eglise, du musée ou de l'hôtel, vous êtes priés de vous défaire de vos chaussures et vestes. La tradition remonte à l'époque où les mineurs ôtaient leurs godillots incrustés de charbon en franchissant le seuil d'une maison. Les montagnes autour de Longyearbyen témoignent aussi de cette histoire. Pylônes, galeries effondrées, câbles rouillés s'accrochent toujours aux pentes désertiques. C'est un Américain, John Munro Longyear, qui a le culot en 1906 de creuser ici la première mine de charbon, baptisée sobrement A1, mais dix ans plus tard il jette la pioche. Les conditions sont trop dures et les revenus trop maigres. Il donnera néanmoins son nom à la ville, Longyear City. Aujourd'hui il ne reste plus qu'une mine en exploitation au-dessus de l'aéroport. Cela devrait durer encore vingt ans. Alors qu'une industrie touche à sa fin, l'avenir se prépare à quelques encablures de là.

DES GRAINES DANS LE COFFRE-FORT

— ◊ —

Vigo, crâne rasé sous sa casquette, barbe foisonnante, n'est pas bien grand, mais vigoureux comme un Viking. Il nous entraîne à l'entrée du Svalbard Global Seed Vault (Réserve mondiale de semences du Svalbard). Dans une ancienne mine, les autorités ont enfoui dans le permafrost à -18 °C un conteneur renfermant plus de 860 000 échantillons d'espèces végétales. Graines de blé, navet, noix de coco, quinoa, cannabis... Chaque pays a donné ses semences afin de les préserver en cas de catastrophe géologique ou nucléaire. Inauguré en 2008, on ne voit de cette banque génétique que l'entrée bétonnée du tunnel de 150 m qui débouche sur le coffre-fort. Si les graines peuvent reposer ici pour l'éternité, sachez que les hommes n'ont pas ce privilège. Vigo se plaît à rappeler que : « *On peut vivre ici grâce au Gulf Stream, mais on n'a pas le droit d'y mourir ! Les enterrements sont interdits, car le permafrost fait remonter les corps !* » Prière donc d'aller casser sa pipe ailleurs.

Ci-dessous : rennes dans la toundra. / Ci-contre : maisons colorées à Longyearbyen. / Le coffre-fort mondial des graines du Svalbard. / Ruines d'un village à Ny-Ålesund. / Une rue de Longyearbyen vide le jour de l'indépenance norvégienne.

CROISIÈRE GLACIAIRE

— ◊ —

Le Svalbard étant recouvert à 60 % par des glaciers, ce serait un comble de passer à côté. Embarquement sur le bateau rouge et blanc de Polar Charter, direction le glacier Esmark. Deux heures et demie à naviguer à travers un épais brouillard. Nous sommes le 15 août, la température frôle 3 °C, vivement l'été. Il suffisait de demander : en arrivant sur le front du glacier, le soleil se fraye un passage au-dessus de nos têtes. Telle une pieuvre, Esmark déploie des tentacules jusqu'à la mer. Ça n'impressionne en rien un phoque barbu qui roupille sur son glaçon. Il sait que le glacier ne se casse pas brutalement, mais qu'il s'effrite plutôt tranquillement au contact de l'océan. Notre bateau avance donc dans une eau chargée de glace, une « soupe glacée ». « *À table !* » lance Haakon, le robuste cuistot à la barbe rousse et aux bras bardés de tatouages. Il sert une viande rouge. Trop rouge pour ne pas éveiller les soupçons. « *Vous prendrez bien un steak de baleine ? Ce n'est pas interdit ici. On continue de la chasser avec un quota de 1 500 par an. C'est notre tradition et ça fait revenir les poissons.* » L'argument n'est pas béton, mais on goûte quand même. Il faut bien admettre que, demi-cuite, la viande est moelleuse, rappelant un bœuf très tendre, même si elle laisse comme un arrière-goût de culpabilité.

BIENVENUE EN RUSSIE

— ◊ —

Barentsburg est désormais en vue. La dernière implantation minière russe au Svalbard apparaît au sud du grand fjord, l'Isfjorden. Le port abrite une usine qui crache de la fumée noire, de vieilles isbas branlantes bordent les escaliers qui montent vers la ville. Cinq cents personnes vivent ici, dont trois cent cinquante vont encore au charbon, des Ukrainiens pour la plupart. La compagnie russe Arctik Ugol exploite toujours le site, mais la fin est proche. Le tourisme pourrait s'imposer comme une nouvelle activité. Katerina vient de Mourmansk. Elle a signé pour deux ans comme guide. « *Dans les années 70, c'était très prestigieux de travailler ici pour un Russe, la paie était trois fois supérieure. Aujourd'hui, le charbon est moins rentable, la compagnie veut faire venir les touristes, 4 000 sont passés ici en 2015.* » Il se dégage un parfum tenace de nostalgie dans cette ville d'allure soviétique : des slogans communistes gravés au fronton d'immeubles déglingués, une salle polyvalente démesurée pour les spectacles folkloriques d'un autre temps, un buste de Lénine qu'on a oublié de déboulonner… Un hôtel flambant neuf vient de surgir de terre, en face de la poste et juste à côté de la brasserie qu'on peut qualifier sans se tromper de « brasserie la plus au nord du monde » ! Le tourisme pour remplacer la mine ? Il fallait y penser, mais cela, c'était avant que la Russie envahisse l'Ukraine.

PRATIQUE

ALLEZ-Y SI

Vous souhaitez vous colleter au Grand Nord en dormant tous les soirs sous la couette d'une cabine confortable ; vous voulez profiter d'un soleil infatigable qui ne se couche jamais.

ÉVITEZ SI

Vous espérez faire de belles photos de manchots (désolé, on ne les trouve que dans l'hémisphère Sud ; pour la marche de l'Empereur, réservez la croisière antarctique) ; si vous ne voulez pas retrouver une baleine dans votre assiette.

SITUATION

Le Svalbard est un archipel de la Norvège, situé entre 74° et 81 ° de latitude à mi-chemin entre le pôle Nord et le cap Nord. Le Spitzberg (« Montagne pointue ») est l'île principale, baptisée ainsi par l'explorateur hollandais Barents.

COMMENT Y ALLER ?

A/R Paris–Longyearbyen avec la compagnie SAS : 6 h 30 avec escale à Oslo.

QUAND PARTIR ?

Les températures sont relativement douces (une moyenne de -14 °C en hiver et +6 °C en été), car le Gulf Stream vient lécher la côte ouest. En été, la météo est souvent nuageuse, avec un plafond bas qui recouvre les montagnes. C'est un désert arctique où la pluie et la neige sont rares, moins de 200 millimètres par an. Le soleil ne montre pas le bout de son nez entre le 26 octobre et le 26 février. Le « boom » touristique a lieu au printemps. De belles journées avec une banquise épaisse favorisent la pratique de la motoneige et les balades à skis. L'été vient le temps des croisières, du kayak et de l'observation de l'ours blanc.

Plus d'infos :
www.svalbard.net,
www.visitnorway.fr.

Page de gauche : glacier du 14-Juillet; / Ci-contre : morses se reposant sur le rivage. / Brise-glace touristique. / Paysage arctique hivernal typique.

BIALOWIEZA, LA FORÊT DES BISONS

Tout à l'est de la Pologne, bien loin des cheminées d'usine et des chantiers navals, la province de Podlachie abrite les frondaisons de la forêt de Bialowieza. Classé au patrimoine mondial de l'Unesco depuis 1979, ce site est l'un des plus sauvages d'Europe continentale. Après avoir failli s'éteindre au début du XX*e* *siècle, les bisons d'Europe y ont fait un retour spectaculaire.*

Après avoir traversé une étendue de champs livides sous les quolibets des corbeaux, on pousse la lourde porte en bois d'un immense portail pour se colleter avec l'un des derniers morceaux de forêt vierge d'Europe, une jungle primitive abandonnée aux bons soins de la nature, ultime lambeau de la vaste et ténébreuse forêt hercynienne qui recouvrait toute l'Europe voici 10 000 ans.

Ci-contre et ci-dessus : troupeau de bisons européens dans le parc national de Bialowieza.

TOUCHE PAS À MA FORÊT

— ◊ —

« *C'est grâce à la chasse que ce massif a été sauvegardé, rappelle Czeslaw Okolow, l'ancien directeur du parc national : depuis le XVe siècle, les rois polonais, puis les tsars de 1888 à 1917 en ont fait une réserve privée pour y traquer le gros gibier. Pour être bien sûrs de ne pas avoir de concurrents, ils y ont éliminé tous les grands prédateurs, ours, loups, lynx.* » Dès 1921, l'État polonais a converti 5 000 ha encore pratiquement intacts en parc national. Enfin un endroit où la nature est libre de faire ce qui lui plaît : les troncs morts sont laissés en l'état, couchés ou debout, en différents stades de putréfaction. Le chemin serpente entre des chênes et des épicéas aux branches embarrassées de neige que des bourrasques facétieuses font tomber en paquets glacés sur la tête des visiteurs. Les haleines blanches s'élèvent dans l'air froid. Un silence aussi épais qu'une motte de beurre finit par s'abattre sur la grande forêt. On aurait bientôt peur d'y rester englué.

MÊME PAS MORT

— ◊ —

Le joyeux tambourinement d'un bec de pic-vert contre une branche morte vient enfin briser cette quiétude oppressante. Mais revenons à nos bisons, oui les bisons avec des cornes, une bosse et du poil partout, *Bison bonasus*, ceux-là mêmes qui ont bien failli finir au musée rejoindre l'auroch ou le rhinocéros laineux dans la longue galerie poussiéreuse des espèces disparues. En 1919, le dernier bison européen en liberté se fait farcir de plomb par un braconnier en pleine forêt de Bialowieza. Pas assez futé pour échapper aux balles. Aujourd'hui, environ 900 individus folâtrent dans le massif, la moitié côté polonais, le reste de l'autre côté de la frontière, en Biélorussie, où les chiffres sont un peu plus compliqués à obtenir. « *Tous sont les descendants de 7 individus qui étaient dans des zoos* », raconte Jerzy Dackiewicz, responsable du centre de reproduction des bisons, où il essaie de renouveler les gènes de cette population grâce à des échanges d'animaux avec d'autres réserves. « *Cette consanguinité les*

rend vulnérables face à certaines maladies. »
Il faut dire que les Biélorusses n'ont pas facilité les choses en clôturant la frontière en 1981, empêchant ainsi les amoureux des deux pays de célébrer à leur façon la réconciliation des peuples bovins. Il n'empêche que, chaque année, entre 50 et 70 bisonneaux voient le jour dans le Parc national polonais. Comme de savants calculs ont déterminé que la forêt n'était pas en mesure de sustenter sans dommages plus de 400 à 450 bisons, Jerzy est obligé de réguler la population par des abattages (une trentaine de bêtes par an) et des exportations (plus de 500 depuis leur réintroduction).

BISON, Y ES-TU ?

— ◊ —

Pour observer le plus gros mammifère d'Europe en liberté dans la forêt, il faut s'armer d'un peu de patience et de bottes bien étanches. Jerzy connaît un coin où il semble possible d'approcher un clan d'une trentaine d'individus. Le voilà qui file comme un Huron entre les arbres dépouillés. Les pieds s'enlisent dans une couche de feuilles mortes détrempées par la neige fondue. Notre belle équipe de chasseurs de bisons ressemble bientôt à une troupe de brontosaures embourbés dans un marais du Crétacé. Soudain, Jerzy tend l'index en direction d'un rideau de bouleaux. Craquements de branches, échos de cavalcade, mouvements furtifs derrière l'enchevêtrement de troncs, nos chers bisons ne semblent guère disposés à recevoir du monde. Nous tentons bien de leur couper la route par des manœuvres commando que le sol transforme en courses risibles, mais rien n'y fait, les bestiaux, d'une méfiance atavique à l'encontre des bipèdes, maintiennent une distance de sécurité d'au moins 50 m. Sensiblement de la même taille mais bien moins massifs que leurs confrères américains, leur capacité de manœuvre entre les arbres est tout à fait remarquable. Alors, comment faire des photos propres et déjouer les prévisions de bisons floutés ? Fort heureusement, c'est l'hiver, le moment de l'année où les hardes affamées se rassemblent près des postes de nourrissage approvisionnés en fourrage plusieurs fois par semaine par les gardes du Parc.

UWAGA ZUBRY! ATTENTION AUX BISONS !

— ◊ —

Le lendemain, sur les coups de 8 heures, dans une clairière où s'accrochent encore quelques lambeaux d'obscurité, un tracteur chargé d'un fourrage fort appétissant fait sa tournée de distribution en lisière de forêt. Du foin ? Et la fameuse herbe à bison alors ? « *C'est exact, les bisons mangent plusieurs espèces d'herbes, des laîches, de l'écorce de charme ou de frêne, des champignons, mais la zubrowka, cette herbe sucrée qui pousse seulement dans les clairières n'a jamais été leur favorite. Tiens, voilà Poligraf qui sort !* fait remarquer Jerzy, *C'est un mâle né dans notre centre de reproduction qu'on a relâché en 2009, il est habitué à l'homme et c'est toujours l'un des premiers à s'approcher !* » Les bottes de foin et les pains de betteraves semés dans le sillage du tracteur font sortir progressivement toute la bande incapable de résister en ces temps de disette à d'aussi alléchantes gourmandises. On ne peut s'empêcher de penser à un troupeau de normandes en route pour l'étable. Cet air de bovin bonasse est pourtant trompeur. Chaque année, des touristes imprudents en font la cuisante, voire piquante, expérience. *Uwaga zubry* ! Attention aux bisons ! Prudence notamment devant les femelles avec leur petit, ou lors de la saison des amours, face aux mâles ; enfin, les propriétaires de chien feront bien de le laisser à la maison : les bisons détestent les chiens, probablement en raison de leur ressemblance avec l'ennemi ancestral, le loup, et remettent vite à leur place les inconscients qui leur courent sus. Hélas, Fido vient souvent trouver refuge entre les jambes de son maître innocent qui va s'apercevoir à ses dépens du cruel manque de discernement bovin. Le mode opératoire est un grand classique : encornement suivi d'une projection de l'impétrant vers les étoiles, parachevée à la réception par un piétinement à grands coups de sabots. *Uwaga zubry* qu'on vous dit...

Ci-contre : renard roux et bisons.

PRATIQUE

ALLEZ-Y SI

Vous comptez rapporter un fagot d'herbe pour en mettre à infuser dans votre vodka ; vous avez envie de voir à quoi ressemble une forêt où l'homme n'a pas mis son grain de sel et sa chaîne de tronçonneuse ; vous aimez bien recevoir des petits bisons dans le cou.

ÉVITEZ SI

Vous n'aimez pas l'hiver, la neige qui tombe dru, les orteils humides et les nez qui pissent comme des fontaines ; vous êtes un grand fan de corrida qui ne peut s'empêcher de défier les bêtes à cornes.

LE PARC NATIONAL DE BIALOWIEZA

Le massif forestier de Bialowieza fait 150 000 ha, dont 62 500 ha côté polonais (Puszcza Bialowieska) et 87 500 ha côté biélorusse (Belavezhskaya Pusha). Impossible de franchir la frontière dans la forêt, car c'est une zone militarisée. Le Parc national polonais fait un peu plus de 10 000 ha, dont 56 % ont le statut de réserve intégrale : on n'y trouve qu'un sentier, une boucle de 3 h, où seuls sont admis les groupes accompagnés d'un guide du Parc. Au nord, la réserve partielle de Hwozna (5 100 ha), rattachée au Parc en 1996, conserve la trace d'une exploitation forestière. Elle est parcourue par 3 sentiers de randonnée accessibles librement au public.

COMMENT Y ALLER ?

A/R Paris–Varsovie avec la compagnie nationale LOT et Air France : 2 h 30 de vol. Compter ensuite 3 h de route pour rejoindre la forêt de Bialowieza.

QUAND PARTIR ?

En été, les bisons sont disséminés dans la forêt, par ailleurs très sombre à cette époque de l'année car couverte d'une épaisse canopée. En hiver, ils se regroupent autour des points de nourrissage de Babia Gora, Kosy Most et Czolo en lisière de parc, ce qui facilite grandement les observations.

Plus d'infos : www.pologne.travel.

SUISSE

AU CŒUR DU VALAIS

Connaissez-vous un endroit où le soleil brille 300 jours par an ? Où on cultive la vigne et les abricots ? C'est… c'est… c'est évidemment le Valais, en Suisse ! Vous avez un doute ? On le dissipe illico en ajoutant le Cervin, un train à crémaillère, le plus grand glacier des Alpes... et bien sûr la raclette. Suivez-nous, le Valais vous ouvre son cœur.

LE GORNERGRAT RAILWAY

Vous le reconnaissez ? Oui, c'est bien lui, c'est le Cervin ! Du côté de Zermatt, on le nomme Matterhorn. C'est un beau ténébreux qui s'élève en solitaire jusqu'à 4 478 m. Il y a lui, au centre, et autour, mais se tenant à bonne distance, des dizaines de sommets qui le contemplent avec respect. Au roi des Alpes, il fallait bien une cour. Depuis que le 14 juillet 1865, l'alpiniste britannique Edward Whymper a réussi le premier à atteindre son sommet, sa renommée a allègrement franchi les frontières du Valais. Le monde entier connaît le Cervin et l'on vient du monde entier à Zermatt pour l'admirer ou bien pour l'escalader, mais bon, on a bêtement oublié d'apporter crampons, piolets, poumons et courage. On remet ça à une prochaine fois, c'est promis. En attendant, on prend le Gornergrat, Railway, un petit train qui en 33 minutes nous transporte du village situé à 1 604 m jusqu'à la cime ou presque du Gornergrat, qui culmine à 3133 m. Celui qui fut le premier train à crémaillère électrique de Suisse est aussi le train à crémaillère le plus haut d'Europe en plein air. À peine avons-nous dépassé les forêts de mélèzes et d'arolles que le Cervin au détour d'un virage apparaît en majesté, colossale pyramide pourfendant le ciel. Précisons que depuis Zermatt, on le voit sous son meilleur profil avec l'arête du Hornli qui sépare la face nord de la face est. Ayons une pensée pour les Italiens, qui, les pauvres, sont privés du clou du spectacle. Théophile Gautier se trouvait du bon côté quand, en 1868, il écrivit à propos du Cervin : « *C'est la plus grandiose créature du monde, elle a la fascination d'une femme et la puissance d'un géant.* »

Ci-contre : train de montagne menant jusqu'au Gornergrat.

EN COMPAGNIE DE GÉANTS

— ◊ —

Après quelques ponts, tunnels, et longues courbes, nous arrivons au terminus. Tout le monde descend. De là-haut, outre le Cervin, le regard embrasse une ribambelle de sommets de plus de 4 000 m, exactement 29 sur les 48 que compte la Suisse. Il y a la pointe Dufour (4 634 m), le Liskamm (4 527 m), le Breithorn (4 164 m), la Dent blanche (4 356 m)… Sans oublier les glaciers du Gorner, de Grenz, du mont Rose… Bienvenue dans l'univers de la haute montagne. C'est depuis la plateforme panoramique située derrière le 3100 Kulmhotel, que l'on profite d'une vue à 360° sur ces géants des Alpes. Et dire qu'il n'a fallu qu'une demi-heure pour redescendre à pied. Bien nous en prend, car nous marchons au bord du Riffelsee (2 725 m), superbe lac où se reflète la silhouette du Cervin.

ALETSCH ARENA, LE PLUS GRAND GLACIER DES ALPES

— ◊ —

À Fiesch, coule le Rhône. Oh, il n'est pas bien gros ! Tout juste sorti des entrailles du glacier du Rhône, il garde encore l'apparence d'une rivière qui ne voit pas plus loin que le bout du canton. Au-dessus de Fiesch, par-delà l'Eggishorn (2 926 m), le Grand Glacier d'Aletsch roule des épaules. Oh, celui-là est bien gros en revanche ! C'est bien simple, dans les Alpes aucun ne lui arrive à la cheville. Prenant son élan au pied du Mönch (4 110 m) et de la Jungfrau (4 158 m), il ondule sur une vingtaine de kilomètres au fond d'une étroite vallée. Il peut compter sur son poids (10 milliards de tonnes) et son épaisseur (800 m à son maximum) pour prodiguer un gommage réparateur aux roches antédiluviennes qui l'enserrent, rombières un tantinet décrépites après des millénaires d'une existence soumise à de rudes conditions climatiques.

DE LÀ-HAUT, LE REGARD EMBRASSE UNE RIBAMBELLE DE SOMMETS DE PLUS DE 4 000 M.

Ci-dessus : grand glacier d'Aletsch. / Ci-contre : le Cervin au lever du soleil. / Sur le chemin de Zermatt. / Monument au lion à Lucerne.

Gletscherstube

AINSI FOND LE GLACIER

— ◊ —

En débouchant de l'autre côté, rien n'a changé. Heureusement, le refuge (en Suisse, on dit cabane) de Gletscherstube Märjelen tombe à pic. Au tavernier, on commande une tasse d'Ovomaltine bien chaude pour faire le plein de « dynamique » en ayant une pensée pleine de reconnaissance pour Albert Wander, Panoramix helvétique, qui en 1904 inventa cette potion magique à base de cacao et de malt. Quand on repart, la pluie a cessé. En vingt minutes, nous atteignons le rebord d'un plateau d'où l'on voit en contrebas le gigantesque, le colossal, le monumental glacier d'Aletsch, boa de glace jamais repu, qui avale la montagne sans se presser. Yvan désigne un rocher à mi-pente. « *L'an passé, le glacier arrivait jusqu'à cette hauteur. Ça fait au moins trente mètres d'écart. Quand il aura fondu et qu'un lac aura pris sa place, j'apprendrai aux touristes à nager* », commente-t-il avec un fatalisme teinté d'ironie.

ENCORDÉS ET ENCHANTÉS

— ◊ —

Comme les temps ont changé. En 1678, les habitants de Fiesch, inquiets devant l'avancée du glacier, organisèrent une procession pour implorer Dieu d'user de ses pouvoirs afin de dompter la bête. À force de répétition année après année, ils ont fini par obtenir des résultats dépassant leurs espérances. Un changement s'imposait. Depuis 2011, ils prient, avec la bénédiction du pape, pour inverser le phénomène. Seront-ils exaucés ? Rien n'est moins sûr, mais les voies du Seigneur, comme on le sait, restent impénétrables. C'est une chose de s'ébahir à la vue d'un glacier, c'en est une autre de monter sur son dos. Équipés de crampons, encordés, on pénètre en parcourant seulement quelques mètres dans un univers parallèle où tous nos repères sont abolis. On monte, on descend, en suivant des crêtes biscornues, pentues et flanquées de crevasses insondables. On monte, on descend. Dans un creux, cernés par les parois de glace, on s'étonne tout à coup de ne même plus apercevoir les cimes des montagnes. On monte, on descend, jusqu'à atteindre la moraine médiane de Trugberg où comme prévu on prend un casse-croûte. Mais voilà que le ciel menace de s'épancher à nouveau. Il faut se presser de repartir.

Ci-dessus : lac de Lucerne. / Ci-contre : lac des Quatre Cantons.

PRATIQUE

ALLEZ-Y SI

Prendre le train vous paraît un moyen pratique de gravir un sommet ; vous vous pâmez devant les panoramas alpins ; vous aimez marcher avec des crampons.

ÉVITEZ SI

La vue d'un glacier en train de fondre vous déprime ; vous préférez la glace dans un cornet ; vous ne comprenez pas le principe d'une cordée.

COMMENT Y ALLER ?

Paris–Genève (3 h 10) ou Paris–Lausanne (3 h 40) en TGV Lyria.

QUAND PARTIR ?

Entre juin et septembre, c'est idéal pour la randonnée, la découverte de la nature ou la visite des villes. Pour profiter des sports d'hiver, c'est mieux l'hiver, de décembre à mars.

Le Swiss Travel Pass permet de voyager sans limites en Suisse en train, bus ou bateau. Ce passe est disponible pour 3, 4, 6, 8 ou 15 jours consécutifs : www.swissrailways.com.

Plus d'infos : www.myswitzerland.com.

AFRIQUE, MOYEN-ORIENT ET OCÉAN INDIEN

AFRIQUE DU SUD

DRAKENSBERG, CHEVAUCHER LE DRAGON

Le Drakensberg, ses sublimes montagnes perchées à 3 000 m, son air frais et ses paisibles moutons broutant les grasses prairies, c'est tentant. D'accord, ça manque d'hippopotames, de zèbres, de rhinocéros, de lions et autres bêtes sauvages, mais le dépaysement est de taille.

Quand il ne consacre pas son week-end à la pratique du barbecue, le citadin vivant à Johannesburg prend ses cliques et ses claques et s'en va arpenter les montagnes du Dragon, puisque c'est ainsi que les Afrikaners les nommèrent en référence à leur ligne de crête évoquant l'échine de l'animal fabuleux. Pour les Zoulous, elles demeurent Quathlamba que l'on peut traduire par « *rempart de lances* ». Il y a de ça, si l'on considère que plus de trente sommets de la chaîne en forme de couronne dépassent les 3 000 m. Drakensberg ou Quathlamba, on les rejoint facilement par l'autoroute en traversant de plates prairies dignes de la Beauce, et d'autres plus vallonnées tirant du côté de la Normandie, sauf qu'au bout du chemin il y a cet incroyable massif où on ne sait rien du camembert AOP moulé à la louche ni du calvados.

OPÉRATION DRAGON

— ◊ —

Nous voilà à pied d'œuvre. Dans le ciel se découpent les massives silhouettes du Drakensberg, enfin quelques-unes. Depuis le parking de Sentinel Peak à 2 700 m d'altitude, un sentier part à l'assaut de contreforts de rocaille jusqu'à buter contre une falaise infranchissable. Un changement de tactique s'impose. Il contourne alors l'obstacle en espérant trouver une brèche qui mènerait jusqu'au plateau. Les retrouvailles avec du plat sont les bienvenues, c'est du moins ce que doivent penser les porteurs qui se coltinent tout l'équipement pour le bivouac du soir.

PLUS DE TRENTE SOMMETS DE LA CHAÎNE EN FORME DE COURONNE DÉPASSENT LES 3 000 M.

Ci-contre : cascade de Lisbon. / Ci-dessus : barrage du parc de Bell autour du pic Cathkin.

COUVERTURES DE LAINE ET BOTTES DE CAOUTCHOUC

– ◊ –

Une tribu de babouins s'égaye au passage de notre cohorte, prend ses quartiers à bonne distance pour continuer sa sacro-sainte séance d'épouillage. Dans ces austères parages, il n'y a bien qu'une poignée de randonneurs pour les déranger et, dit-on, quelques léopards adeptes de la marche en montagne. Sur des rochers éparpillés dans la pente se prélassent les bien nommés damans des rochers : 40 cm au garrot, et pour les plus gras un poids de 5 kg. Les damans ont de loin des allures de marmottes et, comme elles, se méfient du danger qui vient du ciel, un aigle ayant vite fait de les alpaguer à l'heure du goûter. Notre passage ne trouble en aucune façon leur routine, c'en est presque vexant.

Cheminant toujours au pied de la falaise, on tombe sur deux jeunes Basothos qui ont quitté leur Lesotho natal pour venir chercher du travail en Afrique du Sud. Leur accoutrement est des plus sommaires ! Bien enfoncé sur la tête, un bonnet de laine ; aux pieds, des bottes de caoutchouc ; pas de pantalon, mais un short difforme taillé dans une vieille étoffe et tenu par un ceinturon de cuir à l'énorme boucle de fer ; sur les épaules nues, portée comme une cape, une grande couverture de laine rustique ayant pour mission de les protéger contre le froid. Sommaire disais-je, cependant ces jeunes bergers vivant d'air et d'eau fraîche ne manquent pas de noblesse. Drapés dans leur couverture, ils contemplent l'immensité minérale comme des généraux romains vainqueurs leur champ de bataille. Dans leur pays surnommé le « Royaume dans le ciel », car aucun relief ne s'abaisse en dessous de 1 400 m, le roi et la reine portent eux aussi fièrement ces couvertures basotho, mais dédaignent en revanche bottes de caoutchouc et sous-vêtements de fortune. Chacun son rang, mais la couverture basotho appartient à tout le monde. Elle est devenue le vêtement traditionnel depuis qu'en 1880, le roi Moshoeshoe Ier en reçut une de la part des Anglais et jugea qu'elle valait mieux qu'une peau de bête.

PLUS BELLE SERA LA CHUTE

– ◊ –

Mais assez parlé garde-robe, il faut maintenant escalader une des deux échelles métalliques accrochées à une paroi haute d'une trentaine de mètres. Les personnes sensibles au vertige n'ont plus qu'à serrer les fesses ou à rebrousser chemin pour s'engager dans une faille abrupte obstruée par des éboulis rocheux, détour qui

leur coûtera deux ou trois bonnes heures et des litres de sueur. Parvenus au sommet, on découvre un plateau en pente douce, traversé par une rivière indolente dont les berges tapissées à foison d'herbe tendre accueillent moutons et chèvres angoras. Ont-ils conscience de fouler de leurs petits sabots les prairies du paradis ? Rien n'est moins sûr. En toute innocence, ces ongulés broutent à s'en faire péter la panse sous la surveillance très relaxe de bergers en tenue règlementaire couverture-bottes-bonnet. Tous ont quitté leur maison, leurs parents quand ils avaient entre 10 et 16 ans pour aller gagner quelques sous en gardant les troupeaux. Pendant un an, voire deux ans, ils vivent en totale autonomie dans les montagnes inhabitées, dorment dans des huttes de pierres et se nourrissent comme ils peuvent. Ah ! La belle vie au grand air ! À ce point de notre randonnée, il ne reste plus qu'à suivre la rivière Tugela – en vérité un fleuve – jusqu'à l'endroit où, lassée de se traîner, elle plonge tête la première dans le vide en fermant les yeux, atterrit 411 m plus bas, rebondit quatre fois avant de reprendre son cours paisible. En tout, une chute d'une hauteur de 948 m. Qui dit mieux ? Seulement le Salto Ángel, au Venezuela, avec 979 m. Pour réaliser sa prodigieuse acrobatie, il fallait à la Tugela un cadre non moins grandiose. Elle a choisi un colossal amphithéâtre flirtant avec les 3000 m, fermé à l'ouest par le pic Sentinel (3 165 m) et à l'est par la pointe Eastern Buttress (3 011 m), dont les parois aux arêtes saillantes dévalent quelque 1 000 m pour former en bas une gorge verdoyante qui va ensuite en s'élargissant. Cela ne ressemble à rien de ce qu'on a pu voir avant si l'on n'a jamais quitté la Charente-Maritime, et marque assez l'esprit pour que l'on fasse de beaux rêves sous la tente, à condition d'avoir le duvet conçu pour résister à la fraîcheur de la nuit en altitude.

Ci-dessus : vallée brumeuse de la réserve de chasse de Hluhluwe. / Babouin dans le Highlands National Park. / Le Daman des rochers. / Zèbres dans les réserves de chasse de Hluhluwe et d'Imfolozi.

PRATIQUE

ALLEZ-Y SI

« La montagne du dragon », rien que le nom vous excite ; vous n'êtes jamais repu de paysages grandioses ; vous ne dites pas non à une cataracte colossale.

ÉVITEZ SI

Vous n'aimez pas dormir sous la tente ; vous ne pensez pas trouver le paradis ici-bas ; vous comptez voir des girafes.

COMMENT Y ALLER ?

A/R Paris–Johannesburg (11 h 40) ou Paris–Durban (13 h) avec Air France.
Le passeport doit impérativement comporter deux pages vierges et être encore valable 30 jours après la date prévue de sortie du territoire sud-africain.

QUAND PARTIR ?

De manière générale, les mois les plus agréables sont mai et juin (automne), ainsi qu'octobre et novembre (printemps).

Plus d'infos :
Office de tourisme pour l'Afrique du Sud : www.southafrica.net.

Ci-contre : chutes de la Tugela, dans le parc du Drakensberg.

ALGÉRIE

BIENVENUE DANS LE DÉSERT

Finies les restrictions au voyage édictées par le ministère français des Affaires étrangères. Les portes du Sahara algérien s'ouvrent à nouveau. Pressés d'aller écouter chanter les dunes, nous avons mis le cap sur le Tassili n'Ajjer, au sud du pays.

DUNES GÉANTES ET FORÊTS DE PIERRES

— ◊ —

À la sortie de Djanet, on laisse sur la droite un panneau qui indique la Lybie à 250 km et le Niger à 240 km. À bord de notre 4 x 4, on s'engage sur la très rectiligne Route Nationale 3 qui file en direction d'Alger, située à plus de 2 200 km. Mais on ne compte pas aller si loin. Des gris-gris accrochés au rétroviseur se balancent tandis qu'une musique touarègue grésille dans le poste. Dehors, sous un ciel blanc, l'immense étendue de sable fait des vagues et des buissons virevoltent. Kassem, notre guide, lance, pas plus inquiet que ça : « *Ça fait quatre ans qu'on n'a pas vu la pluie. On espère qu'elle va revenir, comme les touristes. Inch'Allah !* » Après deux heures de route, nous entrons dans le parc national du Tassili n'Ajjer : une forêt de pierres les pieds dans le sable que les éléments ont sculptées depuis des millions d'années. À la tombée de la nuit, on installe le bivouac près de l'oued Sersouf. Autour du feu où cuisent des légumes et du poulet, Yahia joue du oud. Instants de pure magie sous une voûte étoilée. On se raconte aussi des histoires. Tarek parle du poisson de sable. Ah, elle est bien bonne ! Moi aussi, je peux blaguer. A-t-il entendu parler du dahu ? Nous voilà quittes. Mais j'avais tort car quelques jours plus tard, au musée de Djanet, j'ai vu dans un bocal rempli de formol le fameux poisson de sable de Tarek. En fait, c'est un lézard capable de se déplacer très rapidement sur et dans le sable, comme s'il nageait. Son nom : le scinque.

« ÇA FAIT QUATRE ANS QU'ON N'A PAS VU LA PLUIE. ON ESPÈRE QU'ELLE VA REVENIR, COMME LES TOURISTES. INCH'ALLAH ! »

Ci-contre : Touareg. / Ci-dessus : Tehouak, parc national du Tassili n'Ajjer.

UN MUSÉE À CIEL OUVERT

— ◊ —

Vaste plateau de grès culminant à 2 000 m d'altitude et s'étendant sur plus de 138 000 km^2, le Tassili n'Ajjer a été classé au patrimoine mondial de l'Unesco, car il le vaut bien. C'est en effet « *l'un des plus importants ensembles d'art rupestre préhistorique du monde, avec plus de 15 000 dessins et gravures* ». Ici, il y a plus de 8 000 ans, des hommes et des femmes ont vécu et ont consigné leur histoire sur les parois rocheuses. Ainsi peut-on voir des vaches qui pleurent, des femmes qui dansent, des scènes de chasse et un bestiaire plein de girafes, d'antilopes, de buffles, d'éléphants, de lions, d'autruches… « *C'est un musée à ciel ouvert qui raconte la vie ici, quand c'était une savane,* explique Kassem. *Quand les montagnes étaient humides, comme disent les Touaregs.* » Cette vie a progressivement été grignotée par l'avancée du désert, entamée il y a maintenant 7 000 ans. Dis la pluie, quand reviendras-tu ?

ESSENDILÈNE

— ◊ —

Cela fait une heure que l'on marche à travers un petit canyon où poussent tamaris, acacias et lauriers roses lorsqu'on tombe sur un long plan d'eau contenu entre les parois de grès. Il s'agit d'une guelta, soit une retenue d'eau alimentée par une crue, une source ou une résurgence. Instant de fraîcheur inattendu. Des oiseaux noir et blanc virevoltent au-dessus de nos têtes. Les Touaregs les appellent *moula-moula* et les considèrent comme des porte-bonheur car ils annoncent la présence d'eau. Les ornithologues les nomment traquets à tête blanche.

Ci-dessus : dunes sahariennes. / Gravure rupestre de la « vache qui pleure » dans le Tassili n'Ajjer. / Ksour Taghit, village fortifié dans une oasis du désert. / Le Tadrart rouge, la « montagne rouge ».

PRATIQUE

ALLEZ-Y SI

Vous aimez faire des châteaux de sable ; vous avez déjà vu Lascaux 1, 2, 3, 4.

ÉVITEZ SI

Vous ne supportez pas d'avoir du sable dans vos chaussures ; vous n'aimez qu'on vous raconte des histoires, le soir sous les étoiles...

COMMENT Y ALLER ?

A/R Paris–Djanet avec Air Algérie en direct, seulement l'hiver entre octobre et fin mars : 4 h de vol.
Sinon prendre un vol pour Alger avec changement pour Djanet : 7 h avec une escale.
Un visa est obligatoire et coûte 110 euros.

QUAND PARTIR ?

Entre octobre et mars, les températures sont douces le jour et fraîches la nuit. C'est la meilleure saison pour aller dans le désert.

Plus d'infos : www.tourismealgerie.com.

BOTSWANA

L'OKAVANGO AU GALOP

Dans le nord du Botswana, les marais de l'Okavango affichent ce petit air de paradis terrestre où l'homme côtoie encore avec plus ou moins de bonheur ses frères animaux. Pour se fondre dans cette idylle des premiers âges, il faut jeter les clés du 4 x 4 et découvrir la vie foisonnante du haut d'un cheval.

L'Okavango est un perdant magnifique. Après une naissance furtive entre deux rochers des hauts plateaux angolais, il dégringole vers l'ouest attiré par la gravité et le bon sens vers l'Atlantique tout proche, et puis se ravise, se prend à rêver d'un destin de grand fleuve, tente sa chance vers le sud avant d'aller se fourvoyer dans les plaines desséchées du Kalahari. Quand il réalise son erreur, il est trop tard. On n'a jamais vu l'eau remonter les pentes, aussi faibles soient-elles. Il ne lui reste plus qu'à mourir à petites gouttes, en un labyrinthe de chenaux engorgés de papyrus, une mosaïque d'îles boursouflées de termitières et de lagunes fleuries de nénuphars. Une sublime évaporation. Une agonie grandiose.

EN SELLE DANS LA SAVANE

Pour prétendre à une équipée à cheval dans le bush, les cavaliers doivent impérativement maîtriser leur monture aux trois allures (pas, trot, galop). La garde-robe se doit d'être sobre, et ne s'aventure guère en dehors du vert, marron, beige ou gris. Penser au chapeau, au foulard pour la poussière, aux lunettes de soleil et surtout à une gourde d'eau fraîche (les selles sont équipées de sacoches). Les galops dans les cours d'eau ou les plaines inondées ne mouillent pas que les chevaux. Il s'agit d'écouter attentivement les instructions du guide, ne jamais passer devant lui. Le fait d'être sur un cheval ne vous place pas hors du danger. Il est difficile de prévoir les réactions des animaux devant les chevaux. Certaines espèces apprécient peu cette compagnie et préfèrent garder leur distance : lions, buffles, éléphants. D'autres la tolèrent assez volontiers : hyènes, lycaons, girafes, impalas, sitatungas…

Ci-contre : femmes à cheval. / Ci-dessus : éléphant pulvérisant de l'eau avec sa trompe.

SAFARI À CHEVAL

— ◊ —

Les vagues successives des troupeaux arrosent cette oasis improbable comme le flot d'une marée vivante. Une eau couleur de thé coule en silence sur le lit de sable blanc. Les gerris, ces insectes aux longues pattes, champions de patinage, font leur gymnastique entre les carex et les joncs. Sur la rive, une aigrette mouille ses pattes dorées avec des minauderies de comtesse en visite à la campagne. Tout n'est qu'ordre et beauté, luxe, calme et volupté. Il est temps d'y mettre un peu d'ambiance. Le signal du galop est à peine donné que le staccato des sabots martelant la surface remplit tout l'espace. Les chevaux trempés, luisants, entourés de gerbes étincelantes, les muscles tendus dans l'effort, les yeux à fleur de tête, scrutant les chausse-trappes de l'eau qui dort, semblent sortir d'un tableau de Géricault. Surgis de nulle part, des oiseaux affolés décollent dans des claquements d'ailes désespérés. Entre deux éclaboussures, on a parfois le temps de reconnaître les longs pieds embarrassés des jacanas à poitrine dorée ou la coiffure négligée du crabier chevelu.

À DADA PARMI LES HYÈNES

— ◊ —

Plus tard, tandis que nos montures finissent de sécher au petit trot dans le silence vaste et grillé du bush, nous croisons des antilopes couleur châtaigne qui naviguent comme eux entre les îlots piquetés de palmiers dattiers. On reconnaît de loin les gnous, ces Belzébuth fantasques à barbe de chèvre ou les bubales avec leur galop grotesque de cheval à bascule. Des phacochères trottinent, la queue dressée en point d'exclamation avec un air de cochon outragé. Les buffles émaillent la savane de leurs bouses mélancoliques. Soudain, les chevaux s'arrêtent, les oreilles dressées, redressent la tête en poussant un hennissement nerveux. À cet endroit de la savane, l'herbe est curieusement couchée sur plusieurs mètres carrés. Les naseaux tout frémissants, ils se mettent alors à renifler le sol avec défiance. « *Des lions ont passé la nuit ici* », explique le guide Bongwe. Pauvres chevaux, eux qui ne cessaient de tirer sur leurs rênes pour arracher en douce une bouchée d'herbe tendre, il n'est pour l'heure plus question de brouter. Cette affaire leur a coupé l'appétit. Les cavaliers éprouvent eux aussi comme un creux à l'estomac et poursuivent la balade plus attentifs que jamais. À peine 100 m plus loin, une tache fauve émerge des graminées et fait battre les cœurs un peu plus vite. Fausse alerte, ce ne sont que deux hyènes qui se rafraîchissent dans un marigot. Les deux baigneuses ne semblent nullement effrayées par l'irruption de notre cavalerie et poursuivent leur toilette. Les hyènes n'aiment pas les hommes, qui le leur rendent bien.

LES HYÈNES N'AIMENT PAS LES HOMMES, QUI LE LEUR RENDENT BIEN.

PRATIQUE

ALLEZ-Y SI

Vous en avez assez de voir l'Afrique à travers les vitres d'un 4 x 4, et que vous avez envie de galops éperdus au-dessus d'un océan d'herbe.

ÉVITEZ SI

Votre dernière expérience à cheval remonte à un tour de poney au jardin du Luxembourg, si vous avez mal au dos et si en plus vous êtes fauché...

COMMENT Y ALLER ?

A/R Paris–Johannesburg direct avec Air France ou avec 1 escale avec Qatar Airways ou Emirates : 11 h 30. Puis vol Johannesburg-Maun avec Air Botswana (2 h).

QUAND PARTIR ?

Le delta de l'Okavango connaît un cycle de l'eau qui influe sur les paysages et la concentration de la faune, rendant les safaris très différents selon les saisons. À partir de mai, l'eau tombée sur les hauts plateaux angolais cinq mois plus tôt arrive et inonde le delta. Le plus haut niveau des eaux est atteint en août. À partir de septembre, les eaux décroissent, la végétation se fait plus sèche. C'est sans doute la meilleure période pour voir les animaux, qui sont concentrés autour des points d'eau.

Plus d'infos en anglais :
www.botswanatourism.co.bw.

Ci-contre : lycaon. / Deux jeunes hippopotames mâles. / Antilope. / Lionne couchée dans l'herbe.

UNE MONTAGNE À LA MER !

Entre l'Afrique et le Brésil, une dizaine d'îles forment un pays : le Cap-Vert. Chacune a son caractère. São Vicente est connue comme l'île des arts et surtout pour sa capitale, Mindelo, où l'on sait faire la fête. De là, il est facile de se rendre à Santo Antão, l'île-montagne pavoisée de vert. S'il faut de bonnes jambes pour danser sur la première, celles-ci ne seront pas inutiles sur la seconde, où il faut tôt ou tard marcher faute de routes, et c'est d'ailleurs pour ça qu'on l'aime.

Qui pose le pied à São Vicente se demande d'où le Cap-Vert tire son nom. À perte de vue s'étendent des terres ocre comme cuites au four, pelées et desséchées. Toute l'île tire la langue sans pouvoir compter sur la pluie, trop souvent absente, ni sur les réserves d'eau souterraine, bien trop rares. Pareille pénurie explique pourquoi São Vicente demeura pratiquement inhabitée jusqu'au milieu du XIXe siècle et dépendit longtemps de l'eau de Santo Antão acheminée par bateau, jusqu'au jour où elle s'avisa qu'elle disposait d'une ressource en quantité illimitée : l'eau salée. Il ne restait plus qu'à la dessaler, tâche dont s'acquitte en grinçant et en couinant une usine de dessalement située à Mindelo, en retrait de la belle plage de sable blanc de Laginha, baignée par des flots d'un bleu cobalt du meilleur effet. En face, fermant la baie inscrite au Club des plus belles baies du monde, il y a le mont Cara, dont la forme évoque le profil d'un visage tourné vers le ciel, plus précisément le profil d'un moaï – statue de l'île de Pâques – qui aurait basculé sur le dos et contemplerait les étoiles.

Ci-contre : falaises de Cabo de São Vicente.

OH C'EST HAUT, C'EST HAUT SANTO ANTÃO

— ◊ —

La traversée n'a duré que cinquante minutes. À priori, ce n'est pas encore à Santo Antão que l'on trouvera du vert ou même quelque chose s'en rapprochant. De chaque côté de la route pavée dite *estrada de corda* qui part gaillardement à l'assaut de la montagne en direction du nord, seuls les cailloux poussent sur un sol uniformément grisâtre et sec où l'eau n'est qu'une idée vague. Puis soudain le miracle ! Au détour d'un lacet donnant sur un nouveau versant apparaissent sans crier gare des plantes, des bosquets et plus haut encore des forêts de pins. Au fond d'un vieux cratère tapissé de verdure, à côté des champs de maïs, de manioc et de pommes de terre, il y a même des vaches qui paissent, donnant à la vue une touche quasiment helvétique. L'illusion ne dure pas longtemps : plus loin, dans le village de Cha de Mato, sur le seuil d'une maison, une jeune fille s'échine à laver du linge dans un petit lavoir tandis que son frère lui joue un air de guitare, une coladeira guillerette pour lui donner du cœur à l'ouvrage. Et ça, on ne le verra jamais à Zermatt ou à Gstaad pour la simple raison que dans le Valais les gars jouent exclusivement du cor des Alpes.

Un vieux paysan chaussé de bottes et les bras chargés de manioc débouche d'un sentier qui descend à pic vers ce qui semble être le centre de la Terre. Impression de vertige. Une chose est certaine : l'ancêtre a de sacrés bons mollets pour gambiller dans ces pentes faites pour les chamois – on peut regretter d'ailleurs de n'en voir aucun dans les parages, la faune indigène ne comptant aucun mammifère sauvage – et où les hommes pourtant ont aménagé des terrasses improbables suspendues au-dessus du vide, maigres lopins où cultiver relève de l'exploit. Ici, le vert est partout. Il s'accroche même aux parois les plus verticales des montagnes, semblables à des lames de hachoirs serrées les unes contre les autres et dont les crêtes en se chevauchant jusqu'à l'horizon brodent une délicate dentelle sur l'azur du ciel. Quelquefois, par une trouée, le regard peut s'échapper jusqu'à la mer, mais celle-ci reste hors sujet au milieu de ce fatras de cimes qui retient prisonniers les habitants.

UN GROGUE ET ÇA REPART

— ◊ —

Le sentier n'en finit pas de zigzaguer pour se hisser jusqu'au fond d'une profonde vallée à l'endroit où se perche le village de São Aguada. La marchande de pains le gravit d'un pas égal en portant sans broncher son chargement sur la tête. Le prix de sa livraison augmente, c'est bien normal, à mesure qu'elle prend de la hauteur. La marchande de poissons, soumise aux mêmes dénivelés insensés, indexe elle aussi ses tarifs sur l'altitude. Par endroits, la montagne dissimule ses lignes anguleuses sous un édredon de cannes à sucre dont les pointes en fleur, délicats plumeaux d'argent, frissonnent sous la brise, et l'on croit voir comme une chevelure se déployant en cascades le long de certains versants. Qui dit canne à sucre, dit rhum ou plutôt grogue en créole. À Santo Antão, on le fabrique encore à l'ancienne avec le trapiche, un pressoir actionné par des bœufs tournant autour sous la baguette d'un homme appelé *kolador di boi* et au rythme d'une poignante mélopée. En tout cas, les Capverdiens en raffolent et à deux euros le litre dans certains endroits soit à peu près le prix de l'eau, il n'y a pas de raison de s'en priver. Dentifrice, c'est le nom que l'on donne au petit verre du matin pour bien entamer la journée. Mieux vaut ne pas en abuser avant de se mettre en route pour São Aguada où l'on finit quand même par arriver après une bonne suée. Bientôt l'heure du repas. Dans sa cuisine, un galetas noyé de pénombre, Maria est à la manœuvre au-dessus d'une marmite rondouillarde dont les flancs ont été noircis par les flammes depuis belle lurette. Ce soir, elle prépare la *cachupa*, une sorte de potée élevée au rang de plat national où les fayots et les grains de maïs fraternisent avec le chorizo, les maquereaux et de coquettes tranches de gras.

Dans la salle à manger dont tous les meubles ont été portés à dos d'homme, il y a une commode, sur la commode il y a un napperon, sur le napperon il y a un cendrier kitsch décoré avec une vue d'Ettelbruck au Luxembourg. À côté, une tasse affiche les mêmes origines luxembourgeoises : cette fois le pont Adolphe. De quoi s'étonner si l'on ignore que le Grand-Duché accueille nombre de Capverdiens. En fait, la diaspora dépasse largement le

ICI, LE VERT EST PARTOUT. IL S'ACCROCHE MÊME AUX PAROIS LES PLUS VERTICALES DES MONTAGNES, SEMBLABLES À DES LAMES DE HACHOIRS.

nombre d'habitants (700 000 contre 537 000) et une partie de ses revenus contribuent de manière décisive à la vie dans l'archipel. Lourenço, le mari de Maria, a vécu lui-même longtemps loin de son île, à travailler sur un cargo sur toutes les mers du globe. Tiens, la mer ! Cernés par les sommets on avait fini par l'oublier, celle-là. À Ponta do Sol, elle secoue sans ménagement les grandes barques de pêche de retour au port, minuscule et mal protégé. Il faut bien dix hommes pour les tirer hors de l'eau, puis les poissons, tous de beaux bestiaux, sont débarqués et aussitôt vidés. Quelques chiens rôdent dans l'espoir de trouver leur pitance entre les bateaux déjà au sec. Sur une coque, on peut lire ce nom, un rien bravache : Titanic. Vu l'extrême rareté des icebergs sous ces latitudes, il devrait continuer à flotter sans craindre de couler sauf à heurter un tonneau de grogue rescapé d'un naufrage. L'histoire, si elle arrivait, inspirerait certainement une belle chanson triste comme on les aime au Cap-Vert.

Ci-contre : montagnes volcaniques escarpées. / Enclos à bétail. / Cabane en pierre. / Volcan Pico do Fogo.

PRATIQUE

ALLEZ-Y SI

Vous buvez du rhum au petit-dej en écoutant Cesaria Evora vous susurrer des chansons tristes à faire pleurer les marins dans le port de Mindelo ; vous trottinez comme un cabri dès que la pente s'élève ; vous rêvez de paysages grandioses à votre image.

ÉVITEZ SI

La diva aux pieds nus vous casse les pieds et les oreilles ; vous pensez que la cachupa est une musique du Cap-Vert ; vous dansez la valse en tenant bien à distance votre partenaire.

COMMENT Y ALLER ?

A/R Paris–São Vicente (6 h 10) avec Cabo Verde Airlines. 2 à 3 ferries par jour relient São Vicente à Santo Antão (50 min).

QUAND PARTIR ?

Le climat capverdien est de type tropical sec, avec une très courte saison de pluies d'août à septembre, qui est aussi la saison la plus chaude, les températures avoisinant les 30 °C. Le reste du temps, d'octobre à juillet, le ciel est bleu, traversé par quelques nuages que poussent les alizés. La température moyenne est de 25 °C. L'automne, l'hiver et le printemps sont les saisons idéales pour la marche à pied dans les îles du Cap-Vert. Décalage horaire : - 2 h en hiver, - 3 h en été.

Plus d'infos : https://ilesducapvert.fr.

Ci-contre : jetée et bateaux sur l'eau turquoise dans la ville de Santa Maria.

LES GÉANTS DU GOLFE DE TADJOURA

Des paysages tourmentés et austères, peu fignolés par Dieu le Père, une ville qui mâchonne son qat à l'ombre de ses façades de corail, un golfe sillonné pendant trois mois de l'année par les requins-baleines, qui sont les plus gros poissons du monde, et puis aussi ce parfum de lointain et d'épices, soufflé depuis l'océan Indien. C'est Djibouti, carrefour des mondes.

Chaque année, entre novembre et fin février, le golfe accueille une extraordinaire congrégation de jeunes requins-baleines. Oui, cette surprise-partie djiboutienne est réservée aux adolescents ; les adultes, préférant sans doute la quiétude du grand large, gardent leurs distances et ne s'y montrent jamais. Pour avoir un aperçu de la fête, il faut longer la côte vers l'ouest un bon moment depuis Djibouti et ouvrir l'œil à partir de la Pointe de Ras Ero.

Ci-contre : requin-baleine.

POISSON CHAMPION DU MONDE

Le plus grand poisson du monde se fait discret. Au bout d'une heure et demie, un bateau, moteur coupé, avec non loin une débauche de nageurs armés de masques et de tubas, nous signale le premier d'entre eux. Il suffit de se mettre à l'eau et de rejoindre les éclaboussures de la horde en délire pour apercevoir la silhouette gigantesque glisser sans effort à 3 ou 4 m de fond. Sans doute intimidé par ce raffut de piscine en plein été, notre nouvel ami ne semble guère disposé à remonter nous saluer et poursuit inflexiblement sa route en réguliers, mais très efficaces coups de caudales. Mieux vaut s'éloigner de cette émeute et chercher du requin « frais » un peu plus loin. Contre toute attente, la chasse se révèle bientôt fructueuse. Sous la surface que le vent commence à guillocher, deux ombres aussi grandes que le bateau semblent faire du sur place. Deux jeunots de 4 ou 5 m sont là, immobiles, gueule grande ouverte et branchies frémissantes, occupés à enfourner de bonnes lampées de plancton. L'un d'eux a la tête en l'air, en position presque verticale, plongé dans un abîme de réflexion sur les mystères de la reproduction des diatomées. Que peut-il bien se passer derrière ces yeux sans vie pareils à des trous de vrille et où

l'esprit brille à feu petit ? L'animal est loin d'avoir livré tous ses secrets. « *Il semble bien que la présence des requins-baleines soit liée à la forte productivité en phytoplancton de certaines zones du golfe, comme la plage d'Arta*, raconte Pierre Labrosse, chercheur en biologie marine à la faculté des sciences de Djibouti. *Il n'y a ici que des jeunes, ce qui pourrait conforter la théorie d'un golfe de Tadjoura jouant le rôle d'une grande nurserie. On pense qu'ils peuvent vivre 100 ans, mais qu'ils ne sont pas sexuellement mûrs avant l'âge de 35 ou 50 ans. Mais la plus grande énigme demeure ce qu'ils deviennent après le mois de février. Sortent-ils du golfe ou sondent-ils à des profondeurs telles qu'on ne les voit plus pendant 9 mois ?* » Diables de bestioles. Certaines poussent jusqu'au fond du golfe, dans le fameux Ghoubbet-el-Kharab, là où l'Afrique de l'Est commence à se séparer du reste du continent, une dépression entièrement noyée par la mer et qui donne corps à bien des légendes. Au-delà, une clarté aveuglante monte de la terre : c'est l'insoutenable réverbération de la banquise salée du lac Assal, où tout miroite et tremble, point le plus bas de l'Afrique. Sans doute l'un des endroits les plus inachevés de la planète. Et si ces grands poissons à l'air benêt, en s'approchant au plus près des entrailles de la Terre, en avaient percé les mystères et en savaient finalement bien plus que nous ?

À LA POURSUITE DU REQUIN-BALEINE

— ◊ —

Depuis 2003, l'association Megaptera tâche d'identifier et de suivre les pérégrinations des requins-baleines du golfe de Tadjoura. Plus de 400 individus y ont été recensés, tantôt par l'identification photographique, tantôt par des prélèvements génétiques. « *Chaque année entre 40 et 50 sont aperçus, et on retrouve environ la moitié d'entre eux d'une année à l'autre*, explique Michel Vely, le président de l'association, *la plupart sont des jeunes mesurant entre 3,50 et 5,50 m. Le plus grand a été mesuré au laser à 7,50 m. Les balises que nous posons sur les requins ont mis en évidence des déplacements entre Arta et l'autre rive du golfe, le Ghoubbet et dans un cas jusqu'à Socotra.* »
Pour éviter les débordements de la part des touristes, ils essayent de mettre en place des règles d'approche et d'observation basées sur celles de Nigaloo Reef en Australie, mais ce sont les blessures infligées par les hélices de bateau qui constituent la plus grande menace à Djibouti. À quand une aire marine protégée ? www.megaptera.org.

Ci-dessous : le lac Assal. / Ci-contre : les îles Moucha. / Le lac Bleu salé. / Le lac Assal.

ET SI CES GRANDS POISSONS À L'AIR BENÊT, EN S'APPROCHANT AU PLUS PRÈS DES ENTRAILLES DE LA TERRE, EN AVAIENT PERCÉ LES MYSTÈRES ET EN SAVAIENT FINALEMENT BIEN PLUS QUE NOUS ?

Ci-contre : le lac Assal. / Ci-dessus : babouin Hamadryas. /
Le lac Bleu salé. / Cristaux de sel dans le lac Assal.

PRATIQUE

ALLEZ-Y SI

Vous souhaitez briller en société en racontant que vous vous êtes colleté avec le plus gros requin du monde (vous n'êtes pas obligé de préciser qu'il est planctonophage et parfaitement inoffensif...) ; vous rêvez de ressembler au trompettiste de jazz Dizzy Gillespie en broutant du qat ; vous voulez avoir un petit aperçu de l'Afrique orientale en toute sécurité.

ÉVITEZ SI

Vous imaginez retrouver l'ambiance de la colonie de Grand-Papa décrite par Loti ou Monfreid ; la chaleur vous incommode (en dehors de l'hiver, les températures demeurent élevées, même si la proximité de la mer rafraîchit l'atmosphère).

SITUATION

C'est un tout petit pays (23 000 km² soit 3 fois la Corse) à la jonction entre la Somalie, l'Éthiopie, l'Érythrée et le Yémen. Le pays est né en 1977 sur les cendres du territoire français des Afars et des Issas (1967-1977). Auparavant, c'était la côte française des Somalis, un territoire hautement stratégique pour de multiples raisons : longtemps considéré comme la clé de l'Éthiopie, mais aussi point d'appui pour le contrôle de la mer Rouge et du canal de Suez, et enfin indispensable dépôt de charbon des services maritimes français à destination des Indes, de l'Indochine et de l'Extrême-Orient. Djibouti ne dispose d'aucun cours d'eau permanent, mais cumule 320 km de côtes. La population de 820 000 habitants se partage moitié-moitié entre les Issas, proches des Somalis, et les Afars (aussi appelés Danakils ou Dankalis), nomades dont le territoire s'étend à la fois sur l'Éthiopie, l'Érythrée et Djibouti.

COMMENT Y ALLER ?

A/R Paris–Addis Abeba avec Ethiopian Airlines : 10 h avec escale.
Un visa obligatoire se retire à l'ambassade du Djibouti à Paris et coûte 70 euros.

QUAND PARTIR ?

Avec les alizés qui amènent de l'air frais, l'hiver d'octobre à avril est de loin la meilleure saison pour se rendre à Djibouti. Ça tombe bien puisque la saison des requins-baleines court de novembre à février.

Plus d'infos : www.visitdjibouti.dj.

AU FIL DU NIL

Songez à la douceur de descendre le Nil entre Assouan et Louxor à bord d'une dahabiya *poussée par le souffle tiède du vent, au privilège d'une escale sur l'île Éléphantine, à Edfou ou à Karnak... Songez aux mânes des pharaons qui vous attendent là-bas.*

Après 20 ans à rouler notre bosse tout autour de la planète, toujours pas un seul voyage sur le Nil au compteur ! Le seul obélisque connu se dresse sur la place de la Concorde, à deux pas de la Seine, où les palmiers sont des platanes et les ibis rouges des pigeons grisâtres. La perspective de voguer sur le Nil entre Assouan et Louxor à bord d'une *dahabiya,* bateau traditionnel en bois naviguant à la voile, nous décide. À nous, les sites millénaires loin de la foule, qui continue de penser qu'il ne fait pas bon se balader en touriste dans les parages.

JOUR 1 : L'ARRIVÉE À ASSOUAN

– ◊ –

La nuit est tombée comme une pierre sur Assouan. Quelques mosquées émettent un halo de lumière verte et les quais paraissent tristement abandonnés. La *dahabiya* Rois tout enguirlandée de loupiotes apparaît comme dans un rêve de petite fille. Deux mousses en vareuse bleu marine avec un R majuscule brodé sur le cœur nous tendent la main pour grimper à bord. Il est minuit. On appareille. C'est parti pour une semaine sur le Nil, entre navigation paresseuse et visites spectaculaires.

JOUR 2 : PHILAE SAUVÉ DES EAUX

– ◊ –

Construit à l'origine sur l'île de Philae, le temple de Philae (IIIe siècle av. J.-C.) fut découpé et remonté 12 m plus haut sur l'île voisine d'Agilka pour échapper à l'engloutissement que l'érection du nouveau barrage d'Assouan n'allait pas manquer de provoquer. Une opération proprement pharaonique entreprise entre 1972 et 1980 et qui consista notamment à manœuvrer pas moins de 40 000 blocs de grès. Le plus fameux sanctuaire consacré à Isis, la mère universelle, méritait bien tant d'efforts. Au Ier siècle, les Coptes n'affichaient pas tant de prévenances. C'est eux qui ont martelé les visages gravés dans la pierre. Mohammed, le guide, de conclure : « *Par intégrisme, ils ont cassé la gueule des dieux !* »

Ci-contre : felouques sur le Nil à Assouan.

LE NIL EST UN RUBAN D'ARGENT
BORDÉ DE VERDURE ET DE VILLAGES.
TOUS LES TRÉSORS ANTIQUES
SE DÉVOILENT SOUS NOS PIEDS.

JOUR 3 : SI BEL ABOU SIMBEL

– ◊ –

Il faut se lever tôt pour mériter Abou Simbel. Le convoi touristique part à 4 heures du matin d'Assouan sous escorte policière. Il faut trois heures pour venir à bout des 290 km d'une route nouvellement asphaltée qui s'étire à travers un désert infini jusqu'aux eaux scintillantes du lac Nasser. Là, un temple immense apparaît comme par enchantement, « *quatre colosses de pierre, sculptés dans la falaise et face au soleil levant, contemplant le Nil pour l'éternité* », selon les mots d'Agatha Christie dans *Mort sur le Nil*. Siégeant deux par deux de chaque côté de l'entrée du temple, les colosses, hauts de 20 m et représentant Ramsès II, symbolisaient la puissance du pharaon et étaient censés faire réfléchir à deux fois les Nubiens ayant des velléités guerrières.

JOUR 4 : DAMNÉS DE LA PIERRE

– ◊ –

L'avantage de la *dahabiya*, c'est qu'on peut accoster où bon nous semble grâce à son fond plat, et ainsi visiter les sites hors d'atteinte des gros bateaux. Vers 10 heures, arrêt en douceur au pied de la carrière de Silsila, la plus grande du pays, qui a fourni les pierres nécessaires à la construction de presque tous les temples de la Haute Égypte. Sur ces lieux, durant des siècles et des siècles, des myriades d'esclaves ont trimé sous le cagnard pour découper des blocs de grès, les polir, les faire glisser jusqu'à la berge avant de les charger sur des bateaux. Selon Ahmed, notre guide, il ne s'agissait pas d'esclaves : « *Ici travaillaient des citoyens égyptiens qui recevaient en échange des vivres, de la bière et du pain. Une manière pour eux aussi de gagner une part d'éternité, réservée normalement aux pharaons.* »

Ci-contre : temple d'Abou Simbel. / Station-service pour bateaux sur les rives du Nil. / Palmiers le long du Nil.

JOUR 5 : JOUR TRANQUILLE SUR LE NIL

– ◊ –

Journée farniente à bord du bateau. L'occasion de tester les transats, de lire et de contempler les rives d'un vert intense couvertes de palmeraies. À l'arrière-plan des montagnes arides annoncent le désert. Sur le Nil se déroulent des scènes de vie éternelles : buffles s'ébrouant dans l'eau, pêcheurs jetant leurs filets, barques transportant des roseaux... Le Nil est un couloir de vie. 95 % des Égyptiens vivent au bord du fleuve, ce qui fait dire aux habitants que le Nil coule dans leurs veines. Question navigation, la *dahabiya* n'a ni moteur, ni esclaves qui rameraient comme au bon vieux temps des pharaons. Elle possède bien des voiles, mais il faut se rendre à l'évidence, elles sont surtout là pour faire joli. Ah, quel spectacle quand un marin grimpe au mat pour les libérer ! Heureusement, un petit bateau, doté lui d'un moteur et placé à la poupe, se charge de nous pousser.

JOUR 6 : VOL AU-DESSUS DU NIL DEPUIS LOUXOR

– ◊ –

Réveil à 4 heures à pour embarquer dans une montgolfière. Le Nil est un ruban d'argent bordé de verdure et de villages. Tous les trésors antiques se dévoilent sous nos pieds. C'est beau, très beau. Survol de la Vallée des Rois. On ira bien sûr l'arpenter plus tard dans la journée, au risque de l'overdose archéologique. Au-delà tout n'est que désolation, caillasse cramoisie, montagne rocailleuse. De retour sur Terre, rendez-vous au temple de Karnak. Vieux de 4 300 ans, c'est la plus grande structure religieuse jamais bâtie au monde. Ici vous êtes dans la maison du dieu Amon et au milieu pousse une forêt de pierres : 134 colonnes se hissant jusqu'à une hauteur de 23 m et formant la plus grande salle hypostyle du monde. Une salle quoi ? Une salle dont le plafond est soutenu par des colonnes et qui ne manque pas de style. Louxor, on adore !

PRATIQUE

ALLEZ-Y SI

Vous révisez le programme d'histoire de la 6e ; vous tournez en rond dans la salle des antiquités égyptiennes du Louvre ; vous voulez relire *Mort sur le Nil* d'Agatha Christie *in situ* ; votre petit nom, c'est Cléopâtre.

ÉVITEZ SI

Vous pensez que Karnak se trouve en Bretagne ; vous croyez qu'Akhenaton est uniquement un chanteur de rap.

COMMENT Y ALLER ?

A/R Paris–Louxor avec Egyptair : 5 h avec escale au Caire avec Transavia, Easy Jet ou Air France. Un visa est obligatoire et s'achète soit au consulat d'Égypte pour 40 €, soit directement à l'aéroport en arrivant.

QUAND PARTIR ?

Il existe deux saisons en Égypte : un hiver doux de novembre à avril et un été où ça cogne de mai à octobre. L'hiver reste la meilleure période pour pouvoir visiter le pays sans souffrir des températures trop élevées.

À NE PAS RATER

Les souks d'Assouan et les villages nubiens, Abou Simbel et le lac Nasser, les carrières de grès jaune de Silsila, les temples de Philaé, Edfou, Kôm Ombo, Karnak, la Vallée des Rois, la Vallée des Reines, l'obélisque du temple de Louxor (le frère jumeau de celui de la place de la Concorde), un vol en montgolfière au-dessus de Louxor.

Plus d'infos : www.experienceegypt.eg.

Ci-contre : piliers du majestueux temple de Karnak à Louxor.

ÉTHIOPIE

LE RETOUR AUX ORIGINES

Qui n'a jamais eu envie de voyager dans le temps ? Un temps d'avant l'homme, d'avant l'animal et le végétal, un temps où seul le minéral régnait en maître. La dépression du Danakil du Nord éthiopien est le théâtre de cet étonnant retour aux sources.

Au nord, la piste dégringole en lacets excentriques les hauts plateaux éthiopiens pour atterrir à 130 m sous le niveau de la mer dans la dépression du Danakil, un large effondrement triangulaire écartelé par les tiraillements antagonistes des plaques africaine et arabique. Ou comment passer en moins d'une heure du toit de l'Afrique à son cul-de-basse-fosse. Dans cette région que les dieux ont renoncé à fignoler, la Terre n'a pas fini sa genèse. Alors qu'ailleurs la géologie se décline en millions d'années, ici, elle se vit au quotidien. Dans une fournaise à faire gémir les pierres, le sol se fend et se déchire sous les pieds. Il ne se passe pas trois ans sans que s'ouvrent des failles de plusieurs kilomètres de long par lesquelles la planète irritée s'épanche en bilieuses régurgitations de lave.

Ci-contre : bergers afars conduisant une caravane de chameaux. / Ci-dessus : jeune fille éthiopienne.

DALLOL, LE VOLCAN D'ACIDE

— ◊ —

Sur la banquise aveuglante du lac Karoum, des hommes, pieds et mains brûlés par la saumure, s'arc-boutent sur de longues branches d'acacias, barres à mine de fortune, pour fracturer l'épaisse croûte de sel. Un travail ingrat, uniquement réalisé par des équipes de Tigréens qui une fois les plaques de sel arrachées au salar, les confient aux Afars. De longues caravanes s'étirent sur la surface incendiée du lac salé et font route, chargées des précieuses briques, en direction des hauts plateaux avant de s'évanouir dans le miroitement des mirages au-dessus de la plaine sans fin. À l'extrémité nord du lac, le Dallol, avec sa fantasmagorie de fumerolles et de concrétions baroques, pourrait bien passer pour un mirage. Ce drôle de volcan, piteuse boursouflure haute de 42 m à peine, a su mettre en scène au milieu de ce grand vide une féerie de vasques d'acide vert fluo, un spectacle de monticules sifflant des vapeurs louches, d'impossibles tours de sel, d'éblouissantes coulées de saumure, des élucubrations de cônes et d'aiguilles dont l'étendue et la variété de couleurs concurrence sérieusement la gamme des peintures Ripolin. En déambulant entre jacuzzis d'acide sulfurique et marigots d'un jaune trop vif pour être honnête, le visiteur fait ce qu'il peut pour empêcher son âme de s'évaporer. Non loin d'une vieille mine de potasse abandonnée par les Italiens depuis les années 1930, un village fantôme ponctué de camions rouillés et de citernes éventrées se laisse doucement ensevelir sous les acides vomis par des dizaines de cônes sulfureux. En mai 2009, le gouvernement a accordé des droits d'extraction à des sociétés étrangères, un contrat qui s'est conclu dans le dos de la population locale sans qu'elle puisse en tirer un quelconque bénéfice. Depuis, les Afars ont miné plusieurs pistes et une quinzaine d'ouvriers chinois ont fait les frais de cette absence de concertation.

LA MONTAGNE QUI FUME

— ◊ —

À 80 km au sud de Dallol, l'Erta Ale, un volcan-bouclier de 30 km de diamètre, découpe sur l'horizon son insignifiante silhouette de terril neurasthénique. Mais comme souvent, les apparences sont trompeuses. Sous l'œil complice de la lune, les apprentis vulcanologues entament l'ascension de la « montagne qui fume » – Erta Ale, en afar – et rejoignent après 4 heures de grimpette le fond de la caldeira où les attend une belle surprise magmatique. Les pupilles se contractent sur un gigantesque chaudron de sorcière où glougloute un brouet de basalte en fusion, assaisonné de salpêtre et de soufre. Des Ooh et des Aah saluent les effervescences spectaculaires d'un lac de lave dont la surface toute zébrée de courants de convection s'agite sans relâche de fontaines incandescentes et de bouillonnements intenses. Les Afars pour une fois ont trouvé leur maître. Ils préfèrent rester à distance de cette montagne maléfique, repaire d'esprits cruels et malfaisants. Le touriste n'en mène pas large pour autant.

GROSSE DÉPRESSION

Connecté à la mer Rouge au nord et à la grande vallée du Rift au sud-est, la dépression de l'Afar ou du Danakil en matière de géologie, est un graben, un fossé d'effondrement entre deux failles. À plus de 100 m sous le niveau de la mer, la zone est tiraillée entre deux, voire trois plaques continentales, l'Africaine, l'Arabique et la Somalienne. C'est l'un des rares endroits du globe – avec l'Islande – où les géologues peuvent voir une dorsale océanique en train de se former à ciel ouvert, autrement dit assister à la naissance d'un océan. Dans le passé, la zone a déjà été inondée à trois reprises par la mer avant d'être isolée de la mer Rouge par une coulée de lave du volcan Alid. D'ici 250 millions d'années, les 4 000 km² de la dépression deviendront les fonds permanents d'un océan peut-être aussi large que l'Atlantique.

Hypnotisé par les spasmes de la croûte, terrorisé par les gerbes de lave qui arrosent les rives d'embruns brûlants, il réalise soudain qu'il est en train d'assister à un spectacle interdit, un cérémonial mystique et secret venu de la nuit des temps qu'aucun être vivant n'est supposé souiller de son regard. C'est là, dans cette marmite diabolique, que la planète fait mijoter sa soupe primordiale.

Ci-dessus : lac de souffre du volcan Dallol. / Ci-contre : maisons rondes traditionnelles construites en pierre avec un toit de chaume en forme de cône, appelées « tukul ». / Lac de souffre du volcan Dallol.

PRATIQUE

ALLEZ-Y SI

Vous voulez voir la Terre comme vous ne l'avez jamais vue ; vous désirez frétiller sous les gerbes incandescentes d'un des cinq lacs de lave du monde ; vous souhaitez assister à la formation d'un océan à l'air libre.

ÉVITEZ SI

Vous aimez les voyages bien rodés et sans histoires ; vous souffrez facilement de la chaleur (ici, la moyenne annuelle des températures dépasse 34 °C – record terrestre homologué – avec des pointes frisant les 60 °C).

COMMENT Y ALLER ?

A/R Paris–Addis Abeba avec Ethiopian Airlines : 8 h de vol. Compter 60 € pour le e-visa : il est possible de l'obtenir directement à l'aéroport d'Addis Abeba.

QUAND PARTIR ?

Même si les volcans restent actifs toute l'année, la seule période possible pour visiter le Danakil sans être assommé par la chaleur court d'octobre à fin mars.

Plus d'infos : https://ambassade-ethiopie.fr/tourisme/.

T'AS DE BELLES PIERRES, TU SAIS.

En matière de vieilles pierres, la Jordanie n'est pas la dernière, loin de là. Il y a bien sûr Pétra, la cité nabatéenne sculptée dans le grès ; Jerash, la ville romaine ; Amman, la capitale que les Grecs appelaient Philadelphia ; les montagnes, les falaises et les arches du Wadi Rum. Alors, prêts pour un voyage minéral ?

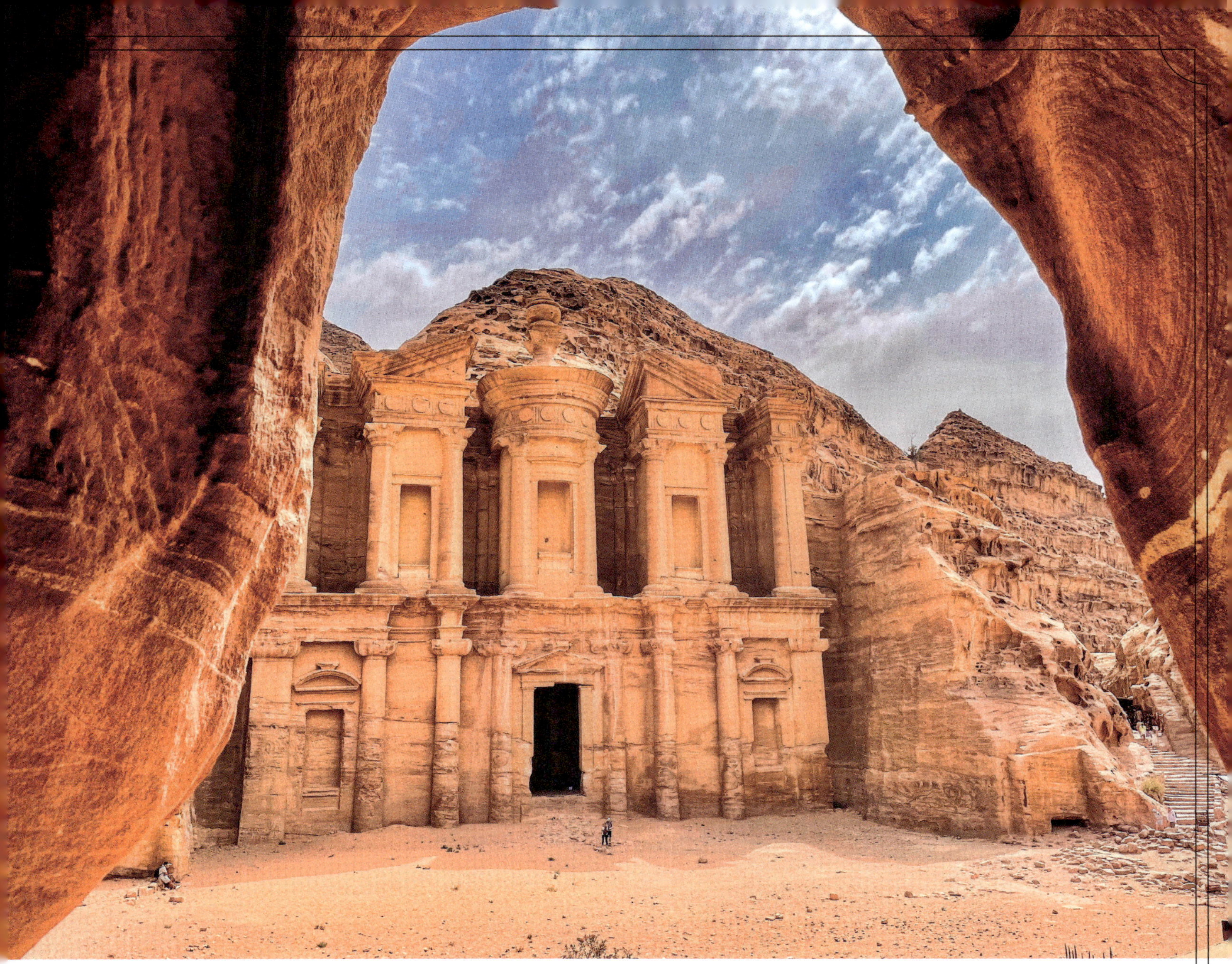

À partir d'Amman, l'antique Route des Rois file vers le sud en direction d'Aqaba sur les rivages de la mer Rouge. Les Hébreux l'auraient empruntée dans l'autre sens sous la houlette de Moïse après avoir quitté l'Égypte. Près de Madaba, en s'écartant un peu de cet axe, on atteint le mont Nebo d'où le plus grand des prophètes d'Israël aurait contemplé avec ravissement la Terre promise juste avant de mourir ainsi que Dieu, adepte du dégagisme, lui avait annoncé : « *Je t'ai fait voir ce pays, mais tu n'y entreras pas.* » Celui avec qui l'Éternel s'entretenait directement trépasse donc à l'âge de 120 ans après une vie riche en prodiges. La Bible le célèbre, mais le Coran n'est pas en reste, Moïse étant le prophète biblique le plus fréquemment cité dans ses pages. Reconnaissons que l'athée le plus endurci ne peut réprimer un frisson en voyant à ses pieds se déployer la vallée du Jourdain avec ici un coin de la mer Morte, là l'oasis de Jéricho, plus loin les monts de Judée et au-dessus à la limite de l'horizon, Jérusalem que l'on devine. On s'étonne de voir le théâtre des opérations bibliques et celui de conflits contemporains tenir dans si peu d'espace. Dès le IVe siècle, les premiers chrétiens s'y rendent en pèlerinage. Des églises sont construites. Plus tard, cénobites et anachorètes s'installent, les premiers dans des couvents, les autres, dans des grottes, chacun chez soi. Non loin, un autre lieu attire les dévots dès le Ve siècle. C'est Béthanie, sur les rives du Jourdain, là où Jésus fut baptisé. De 800 m on passe à – 380 m. Masqué par les tamaris et les roseaux, le fleuve réduit à un ruisseau charrie une eau verdâtre. Il suffirait de trois brasses pour le traverser, mais en face, c'est Israël. Un imposant bâtiment juché sur un tertre domine notre pauvre ponton de bois. Deux militaires, mitraillette en bandoulière, ne nous quittent pas des yeux. Et si l'on remettait le bain à plus tard ?

Ci-contre : désert de Wadi Rum. / Ci-dessus : monastère ancien (Ad Deir) à Pétra.

IL ÉTAIT UNE FOIS PÉTRA

— ◊ —

On marchait dans les pas de Moïse, on marche désormais dans ceux de Johann Ludwig Burckhardt, un jeune Suisse de 28 ans. Le 22 août 1812, dans les montagnes du sud farouchement belles, il s'engage dans le Siq, un défilé si étroit et si profond que le ciel par moments se dérobe au regard. Au bout, il l'ignore encore, il y a la Khazneh, un monument entièrement sculpté dans la roche rose. Soudain apparaît la façade. Quel émerveillement ! Il écrira en gardant un calme helvétique : « *Sa situation et sa beauté ont été calculées pour produire une extraordinaire impression sur le voyageur.* » Deux siècles plus tard, l'effet est toujours garanti. Burckhardt est donc le premier Européen à découvrir Pétra, la capitale des Nabatéens. Intuitif et perspicace, il estimera « *qu'une grande cité existait jadis à cet endroit* » alors que d'autres n'y verront que des tombeaux, et cela jusqu'à une date récente. Dans les tombeaux, les Bédouins ont d'ailleurs élu domicile. Ils n'en partent sous la contrainte que dans les années 80 quand la renommée de Pétra va grandissante et que leur présence nuit au développement touristique. En 1981, il y avait un seul hôtel autour du site ; aujourd'hui, ils sont une cinquantaine. De quoi en déduire que le nombre de visiteurs a lui aussi bondi. Vous ne marchez jamais seul à Pétra, mais selon les endroits il y a plus ou moins de foule. Certains par exemple rechignent à crapahuter pendant trois bons quarts d'heure pour rejoindre le monastère du Deir taillé dans un cône de grès jaune, et ils ont tort. Moins ciselé que la Khazneh, le Deir présente une façade plus grande (la largeur de la cathédrale Notre-Dame de Paris). De quoi être à nouveau ébloui. Si parvenu jusqu'à ce point vous n'arborez pas autour du cou un keffieh, c'est que vous avez su résister aux boniments des marchands bédouins installés tout au long du chemin.

LE WADI RUM AU SUMMUM

— ◊ —

Wadi Rum ! Il suffit de prononcer ce mot pour convoquer la légende, celle écrite par le colonel britannique Lawrence dans *Les Sept Piliers de la sagesse*. Wadi Rum, désert de sable de 500 km² hérissé de montagnes aux formes fantaisistes entre lesquelles on se faufile en 4 x 4, à dos de chameau ou simplement à pied, cela dépend du temps dont on dispose. Généralement, ce n'est jamais assez. Wadi Rum, plutôt que d'en parler en long et en large, suivons la suggestion de Théodore Monod, grand spécialiste des déserts : « *Parler du désert, ne serait-ce pas, d'abord, se taire, comme lui, et lui rendre hommage non de nos vains bavardages, mais de notre silence ?* »

PRATIQUE

ALLEZ-Y SI

Comme Moïse, vous désirez aller au sommet du mont Nebo ; Pétra manque à votre palmarès des 7 merveilles du monde ; vous adorez le houmous.

ÉVITEZ SI

Vous ne prenez jamais de désert ; les vieilles pierres vous ennuient ; Jésus et Lawrence d'Arabie ne vous ont jamais inspiré.

COMMENT Y ALLER ?

A/R Paris–Amman (4 h 50) avec Air France ou Royal Jordanian.
Le passeport doit avoir une validité minimale de 6 mois à la date d'arrivée. Il faut obtenir un visa en ligne (1 mois de délai) ou à l'aéroport (40 JOD).

QUAND PARTIR ?

La meilleure saison pour visiter la Jordanie est l'automne. Le temps y est doux à peu près partout. Au printemps, le paysage est plus vert et les températures sont clémentes à partir du mois d'avril.

Ci-dessus : la mer Morte vue du mont Nebo. / Le pont Little Rock. / Bédouins avec chameaux. / Maison troglodyte creusée dans la roche.

LES ROUGES COLLINES D'AFRIQUE

Pour ceux qui désespèrent de voyager un jour sur la Lune ou sur Mars, voici un bon moyen de patienter : allez en Namibie. Là-bas, tout semble plus grand, plus vieux, plus sec, plus sauvage, plus étrange, plus désertique, plus pur, plus intense… À la pointe de l'Afrique, entre océan et désert, une autre planète existe.

AU BOUT DE LA ROUTE : ETOSHA

— ◊ —

En Namibie, on roule à gauche. Et généralement tout droit pendant des kilomètres et des kilomètres sans rencontrer âme qui vive. Le virage est rare, le croisement exceptionnel. La traversée d'un village, en rompant la monotonie du voyage, provoque un choc. Il faut dire que dans ce pays grand comme une fois et demie la France, vivent seulement deux millions d'habitants, soit moins que les otaries à fourrure qui s'empilent sans se plaindre palmes contre palmes sur la très inhospitalière côte Atlantique. Un seul pays est moins densément peuplé : la Mongolie. Colonisée férocement par l'Allemagne dès 1884, puis sous le joug à partir de 1915 de l'Union sud-africaine, future Afrique du Sud, déjà adepte de l'apartheid, la Namibie n'a obtenu son indépendance qu'en 1990. Depuis, tout semble plutôt bien se passer entre les onze ethnies (Européens, Ovambos, Namas, Damaras, Himbas…) lesquelles, c'est vrai, ne se marchent pas sur les pieds. Après un long trajet en Toyota Land Cruiser depuis la capitale Windhoek, seulement interrompu par un contrôle policier de routine au cours duquel le fonctionnaire lance dans un large sourire et en guise d'au revoir un « *Prions pour que la pluie vienne* », voici enfin le Parc national d'Etosha, le fameux, avec son *pan* occupant quasiment un quart de la surface totale. Il s'agit en fait d'une saline de 5 000 km² se remplissant plus ou moins lors de la saison des pluies et pouvant alors attirer pour une lune de miel endiablée jusqu'à un million de flamants roses. D'une blancheur éblouissante, elle provoque sous l'effet de la chaleur des illusions d'optique, laisse croire par endroits qu'elle contient de l'eau alors qu'elle est à sec, dédouble les silhouettes des animaux se risquant à l'arpenter. C'est à sa lisière, où se trouvent des points d'eau naturels ou aménagés, que l'on a le plus de chances d'observer les animaux lors de la saison sèche : lions, girafes, hyènes, zèbres, antilopes…

Ci-contre : la dune 45, de 170 m de haut, faite de sable rouge, dans le parc national de Namib-Naukluft.

EN PASSANT PAR LA TORRA CONSERVANCY

— ◊ —

En route pour le Damaraland. La piste se faufile entre des montagnes plus pelées que le cul d'un vieux babouin et séparées par d'immenses vallées. Leurs sommets bien rabotés se superposent pour barrer l'horizon. Quelques zèbres de Hartmaan gambadent dans ce paysage grandiose sans y prêter trop attention. La force de l'habitude sans doute. À Bergsig, les villageois nous informent que l'on a manqué de peu le passage d'un clan de lions du désert. Le jour précédent à l'aube, les fauves ont becqueté deux vaches au petit-dej avant de s'en retourner parmi les dunes et les roches, un habitat auquel ils se sont très bien adaptés. Comme les éléphants d'ailleurs. Nous sommes dans la *Torra Conservancy*, un vaste territoire où les résidents, fermiers pour la plupart, ont choisi de vivre avec les bêtes sauvages plutôt que de les éliminer. Réunis dans ce conservatoire, ils travaillent ensemble pour créer des revenus à partir d'une nouvelle forme de tourisme animalier. En mettant sur pied une équipe de gardes, en construisant des enclos spécifiques pour le bétail, en gérant au plus près la chasse au trophée contre rétribution, en accueillant des touristes voulant voir autre chose que les parcs nationaux, tous ou presque œuvrent pour leur communauté et les profits dégagés financent notamment des projets sociaux.

L'APPEL DE LA MER

— ◊ —

À Twyfelfontein, des chasseurs-cueilleurs de l'âge de pierre ont gravé sur les roches dorées comme des pains d'épices un grand bestiaire : girafes, lions, rhinocéros, autruches… Fort injustement n'y figure par le daman des rochers qui pourtant veille à se faire remarquer en tapissant d'excréments ces rochers que l'on accole à son nom. De petites oreilles bien rondes, le minois d'un cochon d'Inde, 40 cm au garrot et pour les plus gras un poids de 5 kg, tel est le daman. Eh bien, le croirez-vous ? La phylogenèse qui étudie le développement des espèces au cours de l'évolution prétend qu'il partage des liens de parenté avec l'éléphant, pour notamment des histoires de testicules non descendus dans le scrotum. À ses heures, M. Darwin et disciples sont potaches. Mais laissons ce pachyderme qui s'ignore à ses défécations intempestives et prenons la route qui descend d'un seul trait jusqu'à la Côte des Squelettes, en coupant à travers un paysage lunaire. À l'approche de la mer, on se cogne contre une épaisse brume à qui l'on doit une chute de température conséquente. On grillait, on se prend à regretter une petite laine. Le responsable, c'est le Benguela, un courant aussi puissant que perfide avançant masqué par la mélasse. Avertis, les capitaines de navire n'aiment pas trop traîner dans le coin, connu par ailleurs pour ses hauts fonds et ses récifs. S'ils avaient encore un doute, le décompte des épaves qui jalonnent la si bien nommée Côte des Squelettes le dissiperait. À l'embouchure de la rivière Swakop, dans un paysage désespérément caillouteux, des colons allemands ont eu l'étrange idée de bâtir une ville à la fin du XIXe siècle. C'est Swakopmund. Au centre, les rues se croisent à angle bien droit. Plusieurs maisons construites selon les canons du *Jugendstil* (Art nouveau) à la mode en Allemagne à cette époque donnent une furieuse envie de manger sur le champ une choucroute, en prenant soin cette fois de se couvrir d'une petite laine.

Ci-contre : désert du Namib. / Ci-dessus : autruche dans le parc national de Namib-Naukluft. / Rhinocéros noir marchant dans les plaines salées d'Etosha. / Animaux sauvages dans le parc national d'Etosha. / Gnou bleu.

AU MILIEU
DE NULLE PART,
UN PANNEAU SIGNALE
LE FRANCHISSEMENT
DU TROPIQUE
DU CAPRICORNE.

DUNES ET APPLE CRUMBLES

— ◊ —

En filant plein sud le long de la côte, les dunes couleur crème prennent progressivement de l'embonpoint jusqu'à devenir aux alentours de Walvis Bay énormes, monumentales, tombant en avalanche sur l'océan qu'elles dominent d'au moins une centaine de mètres. Une bonne mise en appétit avant de rallier le désert du Namib en repiquant par l'intérieur. Au milieu de nulle part, un panneau signale le franchissement du tropique du Capricorne. Un tropique qui ne craint pas de tourner en rond en passant par-dessus des mers déchaînées et des déserts brûlants. Non, vraiment, il n'a rien à envier à son cousin, le tropique du Cancer. Une cinquantaine de kilomètres plus loin, dans un décor de désolation extrême, apparaissent soudain comme à travers les vapeurs d'un mirage quelques bâtiments regroupés autour d'une station-service et cernés par des carcasses de voitures. Bienvenue à Solitaire. C'est le moment ou jamais de faire un plein, le moment ou jamais aussi de faire plaisir à un pâtissier écossais. Achetez un de ses brownies ou une de ses *apple crumbles*, vous ne le regretterez pas. Mais le vrai dessert est encore à venir : le Namib, avec à Sossusvlei les plus hautes dunes du monde, montagnes de sable ocre, orange, rouge qui déploient sous un ciel impassible leurs courbes sensuelles. Spectacle d'une sublime beauté, parachevé par la vision d'un oryx sur une crête ondoyante.

PRATIQUE

ALLEZ-Y SI

Vous vous sentez à l'étroit dans votre appartement du rez-de-chaussée avec vue sur la cour ; vous n'avez jamais franchi le tropique du Capricorne en Land Rover ; vous voulez faire guili-guili à un éléphant du désert ; vous rêvez d'entendre le soir au fond de la savane rugir le lion.

ÉVITEZ SI

La Beauce est trop désertique à votre goût ; vous pensez reconnaître un rhinocéros blanc à sa couleur ; vous n'êtes jamais sorti en 4 x 4 au-delà du périph'.

COMMENT Y ALLER ?

A/R Paris–Windhoek via Francfort (12 h 45) avec Lufthansa.
Un visa peut être délivré à l'arrivée sur le territoire namibien (« *visa on arrival* ») à presque tous les points d'entrée du pays, en particulier à l'aéroport de Windhoek. Il peut être également obtenu en ligne, sur le site : https://eservices.mhaiss.gov.na/# (cliquer sur « *visa on arrival* », pas sur « holiday visa »).

QUAND PARTIR ?

Janvier et février correspondent à la saison des pluies et sont les mois les plus chauds. Les animaux se dispersent et sont donc plus difficiles à voir. En mars–avril, la saison des pluies touche à sa fin. La nature est encore verte et les animaux reviennent vers le sud. En mai–juin, c'est le début de l'hiver : la meilleure période pour les randonnées. En juillet et août : c'est le pic de fréquentation. Septembre et octobre correspondent au printemps : c'est la température idéale. Vers novembre–décembre, la chaleur pointe son nez.

Plus d'infos : www.visitnamibia.com.na.

Ci-contre : acacias morts. / Tropique du capricorne. / Maison himba dans un village de la région de Kunene. / Groupe de femmes Himba.

RÉPUBLIQUE DU CONGO

GARE AUX GORILLES !

Peu d'animaux ont su autant titiller notre imagination. Sa force musculaire herculéenne et son faciès d'humain mal embouché lui ont ouvert les portes du club très fermé des animaux mythiques. Dans le grand vert de la forêt tropicale congolaise, il est désormais possible de rendre visite à ces lointains cousins, à condition d'obéir à un strict protocole d'observation.

Le parc national d'Odzala, au cœur de la forêt équatoriale, affiche la plus forte densité de gorilles des plaines. Un gorille un peu plus petit, avec un poil plus ras que son célèbre collègue des montagnes. L'un est mobile et suit un régime varié de feuilles et de fruits, l'autre est plus ou moins sédentaire et ne mange guère que de l'herbe. Mais les gorilles des plaines sont bien plus nombreux. Il y en aurait peut-être 20-25 000 rien qu'à Odzala, même si la population, ravagée périodiquement par le virus Ebola, est en déclin.

PORT DU MASQUE OBLIGATOIRE

– ◊ –

Sur les dix-sept groupes évoluant dans la petite concession de Ngaga, à la frontière du parc, seuls deux sont susceptibles d'être visités par quelques touristes, selon un rigoureux protocole d'observation : quatre touristes maximum, pas d'approche à moins de sept mètres, pas plus d'une heure de contact, port d'un masque pour éviter la transmission de maladies aux gorilles, interdiction de se soulager dans la zone d'observation... On ne plaisante pas ici avec la santé des primates. Avec nos masques hygiéniques, nous ressemblons à une équipe de chirurgiens sortant du bloc opératoire. Lorsque les minuscules abeilles Trigona entrent en piste, il faut encore s'affubler d'un filet d'apiculteur pour se protéger de leurs horripilants assauts. Ces impudentes bestioles, connues localement sous le nom de *sweat bees*, ne piquent pas, mais sucent sans vergogne la sueur des mammifères en échange de furieuses démangeaisons. Leurs essaims compacts tournent autour des pauvres gorilles qui semblent en avoir pris leur parti.

Ci-contre : buffles de forêt à Lango Bai, parc national d'Odzala-Kokoua. /
Ci-dessus : gorille des plaines.

OBSERVER LES GORILLES

Dans la concession de Ngaga (114 km²), dans le nord-ouest du Congo, deux groupes seulement sont accessibles aux visiteurs. Le séjour prévoit deux marches à la recherche des gorilles avec à chaque fois une heure maximum d'observation. Contrairement à leurs cousins de montagne, ces gorilles des plaines passent la moitié de leur temps dans les arbres pour manger des feuilles et des fruits, et se déplacent beaucoup (2 km par jour en moyenne). Pour des observations optimales, adopter des vêtements de couleurs verte ou marron. À proximité des animaux, mettre son masque et parler à voix basse sans faire de gestes brusques, ne pas oublier ses jumelles. Selon Zéphirin, si d'aventure le mâle approche vivement, mieux vaut ne pas battre en retraite et ne pas baisser les yeux. Céder le terrain ne l'inciterait qu'à poursuivre sa charge. Faisons confiance au traqueur ! Pour finir, quelques conseils de la primatologue Magdalena Bermejo : « Il faut savoir reposer l'appareil-photo, savoir observer les comportements, absorber les sons et les odeurs, bref, savourer leur présence. Et puis il n'y a pas que les gorilles. Il faut venir ici l'esprit ouvert, s'imbiber de la forêt, repérer les oiseaux et les insectes, écouter leurs chants, s'intéresser à la végétation, qui n'est pas qu'un décor... »

DROIT DANS LES YEUX

— ◊ —

Soudain, Neptune, le dos argenté, grand patron de la tribu, interrompt son déjeuner de feuilles et se laisse glisser le long d'un tronc comme un pompier appelé en urgence. On pense alors à Brassens et à son puissant gorille. L'impétueux primate en voudrait-il à notre vertu ? L'émoi est à son comble dans l'assistance. Le mastard s'avance, sa généreuse bedaine frôlant les herbes folles, bascule la tête en arrière et se met à humer l'air dans notre direction, à la façon d'un chien de ferme qui reniflerait des bichons égarés dans sa cour. Mais il finit par prendre le large, avec le flegme de l'anthropoïde confiant dans son destin, abandonnant dans son sillage une formidable odeur de transpiration. Ces effluves de grand sportif négligé surprennent par leur « humanité » et soulignent si besoin en était, le cousinage, voire même la fraternité entre l'homme et le gorille. 97% d'ADN en commun, cela crée des liens...

PRATIQUE

ALLEZ-Y SI

Votre dernière expérience avec un gorille s'est déroulée à l'entrée d'une boîte de nuit et ça ne s'est pas très bien passé ; vous adorez les jeux de piste.

ÉVITEZ-SI

Vous êtes créationniste (Dieu a façonné l'homme à son image le sixième jour et ces vilains singes ne sauraient être nos cousins) ; vous détestez les bestioles qui bourdonnent, vrombissent, piquent et sucent et ne pouvez voyager sans vos tortillons tue-mouches.

COMMENT Y ALLER ?

A/R Paris–Brazzaville avec Air France, puis vol privé Brazzaville-aérodrome de Mboko dans le parc national Odzala-Kokoua : 10 h avec escale.

QUAND PARTIR ?

Il existe deux saisons des pluies : de mars à mai puis de septembre à novembre. L'air est certes humide, mais plus clair que pendant les deux saisons sèches, de juin à août et de décembre à février.
Le vaccin contre la fièvre jaune est obligatoire.

Plus d'infos : www.ambacongo-us.org/fr.

Ci-dessus : éléphant dans la rivière Lekoli. / Gorilles de plaine. / Buffles de forêt et aigrettes garzettes à Lango Bai. / Okapi, également connu sous le nom de girafe congolaise.

SÉNÉGAL

LA MAGIE DU FLEUVE SÉNÉGAL

À Saint-Louis la belle endormie, on embarque sur le mythique Bou el Mogdad *pour remonter le fleuve Sénégal jusqu'aux anciens comptoirs français de Podor. Récit d'une odyssée de 6 jours où il est question de pélicans, de canne à sucre et de photos noir et blanc.*

SA MAJESTÉ LE BOU

— ◊ —

Amarré au quai Roume, à l'ombre des fromagers, le navire attend paisiblement ses passagers. Le *Bou el Mogdad* est une légende. Sa carrière débute en 1950 sur le Sénégal. Pendant vingt ans, il assure le transport des marchandises et des hommes entre Saint-Louis et le nord du pays. La construction d'une route précipite sa déchéance. Il passe quelques années à rouiller. Grâce à Jean-Jacques Bancal, le bateau reprend du service en 2005 entre Saint-Louis et Podor, après avoir reçu une cure de jouvence à Dakar. 25 cabines, une piscine, le voilà prêt pour accueillir les voyageurs.

CAP SUR PODOR

— ◊ —

Le bateau commence à remonter le fleuve, qui marque la frontière entre la Mauritanie à bâbord et le Sénégal à tribord. Sur les rives défilent les cases en banco (terre séchée), les plantations de manguiers et les rizières. Les pieds dans l'eau, des femmes lavent leur linge tandis que des pêcheurs sur leurs pirogues jettent les filets. Ceux-là, le commandant Mamadou Goudiaby ne les aime pas : « *Pour montrer leur bravoure ou pour mettre un peu de piment dans leur journée, ils s'amusent à nous couper la route.* » À part ça, la vie de Mamadou est un long fleuve tranquille. Il peut mouiller où il veut sans craindre de gêner. Il ne risque pas de croiser un autre bateau, le *Bou*, comme on l'appelle familièrement, est le seul à naviguer. Une clochette résonne soudain. C'est le barman Petit Ba qui l'agite pour annoncer que le bar est ouvert. Aussitôt, les passagers sortent de leurs cabines, s'emparent d'un cocktail et se calent sur le pont pour admirer le coucher du soleil.

Ci-contre : le bateau *Bou El Mogdad*. / Ci-dessus : port de Saint-Louis.

TRANSPORT EN COMMUN
R.T.Y.E

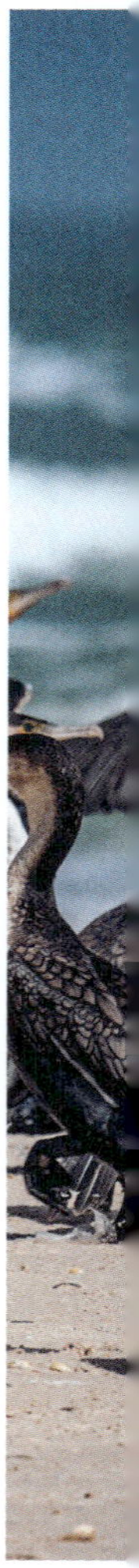

CHEZ LES PÉLICANS

— ◊ —

Avant d'obliquer plein est, le Sénégal longe le parc national des oiseaux du Djoudj. C'est la troisième réserve ornithologique du monde. Trois millions d'oiseaux migrateurs s'y arrêtent pour se reposer après la longue traversée du Sahara. Le *Bou* fait aussi escale. Après un bref trajet en voiture jusqu'à la zone marécageuse, on saute dans une barque pour s'aventurer à travers les canaux. Il y a du monde dans la volière ! À gauche un cormoran atterrit en douceur sur un tapis de nénuphars roses, à droite un balbuzard pêcheur chope entre ses serres un poisson distrait, dans le ciel des sternes virevoltent, se moquent des pélicans lourdauds. Ces palmipèdes aiment à s'entasser par milliers sur une île, la bien-nommée île aux pélicans. Odeur âcre de la fiente. Tous sont là pour couver leurs œufs, les mâles comme les femelles. Quand l'un pêche, l'autre couve. C'est le partage des tâches. Madame Pélican a depuis longtemps cloué le bec de monsieur Pélican.

SUR LES RIVES DÉFILENT LES CASES EN BANCO, LES PLANTATIONS DE MANGUIERS ET LES RIZIÈRES.

Tandis que la nuit tombe, une parcelle de cannes à sucre s'embrase. On y a mis le feu pour faire fuir les phacochères et les serpents et éliminer toutes les feuilles sèches. Ambiance de fin de monde dans le coucher du soleil, avec de hautes flammes et des tourbillons de fumée noire. Au petit matin, l'armada des coupeurs pourra se remettre à la tâche pour ce qui est sûrement le plus dur métier du monde.

RICHARD-TOLL, LE « GRENIER À SUCRE »

— ◊ —

Après deux jours de paisible navigation, le *Bou* jette l'ancre à Richard-Toll. La ville doit son nom au botaniste français Richard, auquel a été rajouté le mot *toll* qui en wolof signifie jardin. Ici, c'est le domaine de la canne à sucre. L'installation de la Compagnie sucrière du Sénégal dans les années 1970 a transformé un paisible village en une cité grouillante. Avec 7 000 salariés, l'entreprise est devenue le premier employeur privé du pays. Le champ de canne s'étale sur 40 km le long du fleuve. Pape Ba, un ingénieur à la retraite, conduit le long de routes rectilignes un bus rempli de touristes : « *Chaque matin, 2 500 coupeurs s'échinent dans la plantation pour 300 euros par mois. Le Sénégal court après l'autosuffisance en sucre, mais c'est difficile compte tenu du niveau de notre consommation. Ici on raffine le moindre grain. Nos ancêtres les Gaulois nous ont appris à aimer le sucre blanc. Tout ce qui est bon est blanc, alors il faut que le sucre soit blanc-blanc, sinon on nous le retourne.* »

PODOR PREND LA POSE

— ◊ —

Sur les berges de Podor, de belles bâtisses aux murs jaunis évoquent le faste de l'époque coloniale, quand le commerce de la gomme arabique battait son plein. Dans un ancien comptoir, le Français Éric Sylvestre a ouvert l'auberge du Tekrour, mais il a aussi voulu rendre hommage au grand homme de la ville : Oumar Ly. Dans un petit musée, il expose quelques-uns des clichés en noir en blanc pris à partir de 1963 par l'un des pionniers de la photographie en Afrique de l'Ouest. Pendant plus de cinquante ans, Oumar Ly a tiré le portrait des habitants de Podor et de la brousse.

Ci-contre : jeune femme présentant des tissus traditionnels. / Jungle autour de la lagune de Fadiouth. / Taxi-bus. / Cormorans et pélican dans la réserve ornithologique du Djoudj.

PRATIQUE

ALLEZ-Y SI

Pour vous, la vie est un long fleuve tranquille ; vous voulez retrouver le plaisir de payer en francs ; vous aimez prendre le temps, à la fin des repas, de boire les trois thés à la menthe façon ataya.

ÉVITEZ SI

Vous prisez assez peu les salamalecs du genre « *Bonjour, comment ça va ? La famille, ça va ? Les enfants, ça va ? La santé, ça va ?* » ; vous comptez manger un pélican yassa.

COMMENT Y ALLER ?

A/R Paris–Dakar avec Airfrance, Flyairsenegal ou Corsair : 6 h.
Prendre un taxi pour Saint-Louis-du-Sénégal (4 h) ou un bus pour les plus téméraires (au minimum 10 h).

QUAND PARTIR ?

Durant la période sèche de novembre à avril, l'alizé maritime rafraîchit le pays.
La saison des pluies s'étend de juin à octobre, avec un mois d'août très pluvieux, une période peu favorable pour visiter la région.

AVEC QUI PARTIR ?

Cette croisière de 6 jours, entre Saint-Louis et Podor, est disponible entre octobre et mai, dans un sens ou dans l'autre : www.bouelmogdad.com.

Plus d'infos sur : www.visitezlesenegal.com.

Ci-contre : jeunes pêcheurs sur le fleuve Sénégal.

CROISIÈRE EN GOÉLETTE DANS L'OCÉAN INDIEN

Praslin, Curieuse, Silhouette, La Digue, Grande Sœur, Petite Sœur, Aride, Cousine, Coco... Pour saluer dignement toutes ces îles dans l'océan Indien, une goélette ne manque pas de style. La nôtre s'appelle Sea Pearl. *On embarque pour sept jours.*

JOUR 1 : UN BATEAU NOMMÉ *SEA PEARL*

Île de Mahé, port de Victoria. Il est midi. Le soleil tombe à la verticale ; la température flirte avec les 40 °C. Après avoir largué les amarres, le *Sea Pearl* s'éloigne lentement des côtes en direction de l'île de Praslin. C'est à peine si l'on entend son moteur ronronner. À son bord, treize passagers qui entament une croisière de 7 jours d'île en île. Mais d'abord, faisons les présentations. Le *Sea Pearl* est un ancien haranguier transformé en élégante goélette en 1997. On en fait plus des comme ça, avec des poulies de bois. S'il est moins confortable qu'un catamaran, il a tellement plus de caractère.

JOUR 2 : COCOS-FESSES À GOGO SUR L'ÎLE DE PRASLIN

Débarquement à Praslin. Dans la vallée de Mai inscrite au patrimoine mondial prospère une forêt tropicale essentiellement composée de palmiers, dont le fameux cocotier de mer. La graine produite par les arbres femelles est la plus grosse du monde. Autrefois, les marins l'ont baptisée coco de mer, car ils la trouvaient flottant en pleine mer ou échouée sur les plages. Ne l'ayant jamais vu pousser sur un arbre avant le XVIIe siècle, ils imaginaient qu'elle provenait d'un arbre sous-marin, le cocotier de mer. Voilà pour le nom ! Quant au surnom de coco-fesse, il suffit de contempler les courbes féminines si suggestives du fruit pour l'adopter aussitôt. Brigitte notre guide ès cocotier de mer précise : « *L'arbre pousse uniquement à Praslin et sur l'île Curieuse. Aujourd'hui, il est protégé, tout comme les noix. On n'en vend pas plus de 2 000 par an avec un certificat prouvant que la récolte est légale.* » Pour notre bien, elle ajoute : « *Notez qu'une noix de coco pèse jusqu'à 30 kilos, Mieux vaut ne pas se trouver dessous quand elle chute.* »

Ci-contre : la goélette *Sea Pearl*.

Sea Pearl

ON LONGE ALORS UNE LONGUE DENTELLE DE CRIQUES BAIGNÉES PAR LES EAUX TURQUOISE DU LAGON, GARNIES DE SABLE BLANC, HÉRISSÉES DE ROCHERS DE GRANIT.

JOUR 3 : LA PLAGE DES PLAGES À LA DIGUE

– ◊ –

En 2016, *The Guardian*, le quotidien britannique, qui ne se contente pas de couvrir l'actualité la plus chaude, décernait à l'Anse Source d'Argent le titre de « Plus belle plage du monde ». Forcément cela donne envie d'aller y faire un tour. À l'orée d'un sentier, on quitte les vélos pour continuer à pied en se faufilant entre les palmiers. On longe alors une longue dentelle de criques baignées par les eaux turquoise du lagon, garnies de sable blanc, hérissées de rochers de granit sculptés et polis au fil des millénaires par les embruns et les vagues : c'est l'Anse Source d'Argent. Comment expliquer ce paysage unique au milieu de l'océan Indien ? Pour Gemma, guide naturaliste, il faut revenir à l'époque du Gondwana. *« Ce supercontinent s'est formé il y a plus de 600 millions d'années. Il rassemblait l'Afrique, l'Arabie, l'Inde, l'Amérique du Sud, l'Antarctique et l'Australie. À mesure de sa dislocation, l'eau de la fonte des glaces a inondé les vides et les Seychelles sont apparues, formées par le sommet des montagnes immergées. L'origine du granit est donc continentale. C'est pourquoi ces îles granitiques situées en plein milieu d'un océan sont uniques. Quant au sable si blanc, si fin et si brillant, il est composé du calcaire des coraux et de granit lavé, qui contient du mica. C'est lui qui scintille au soleil. »*

JOUR 4 : GRANDE SŒUR N'EST PLUS À VENDRE

– ◊ –

Si on a tous dans le cœur une petite île oubliée, certains plus fortunés que d'autres réalisent leur rêve en s'offrant une île déserte. Planté sur le rivage, un panneau « No Entry, Private Island Reserve » annonce aux visiteurs que l'île de Grande Sœur a trouvé son heureux propriétaire. On n'y pose le pied qu'en s'acquittant d'un droit d'entrée. Ô miracle, on y trouve une minuscule plage nichée entre des rochers aux formes arrondies. Ne mériterait-elle pas, plus qu'Anse Source d'Argent le titre de plus belle plage du monde ? C'est avec une pointe au cœur que nous l'abandonnons pour rejoindre l'île Coco, renommée pour la beauté de ses fonds. Avec un masque et un tuba, c'est l'assurance d'être aux premières loges pour assister au ballet aquatique des tortues imbriquées, raies léopards, poissons-perroquets, sergents-majors…

JOUR 5 : TORTUES GÉANTES SUR L'ÎLE CURIEUSE

– ◊ –

Ce matin, on a jeté l'ancre à Curieuse, où vit une centaine de tortues géantes (les mâles peuvent mesurer jusqu'à 1,20 m et peser 300 kilos). Conscientes que pour aller loin, il faut ménager sa monture, elles broutent sans se presser de menues herbes. Forcément, on n'atteint pas 250 ans sans une certaine hygiène de vie. Aux visiteurs quand même impressionnés par leur corpulence, elles tendent le cou pour recevoir des gratouilles.

Ci-contre : l'Anse Source d'Argent./ Plage de La Digue.

JOUR 6 : ARIDE, L'ÎLE AUX OISEAUX

Après une courte navigation au moteur sur une éternelle mer d'huile apparaît Aride, ainsi nommée par les premiers explorateurs car l'île rocheuse ne possédait pas de source d'eau naturelle. Rien d'engageant donc, et pourtant les oiseaux semblent s'y plaire. On y trouve notamment la pie chanteuse des Seychelles, qui a été sauvée in extremis de l'extinction.

JOUR 7 : TOUTES VOILES DEHORS

Aujourd'hui est un grand jour, car un léger vent va enfin nous permettre de hisser les voiles. « *Faites monter !* », lance le capitaine aux membres de l'équipage qui s'empressent d'exécuter l'ordre. Toutes voiles dehors, le bateau s'ébroue puis, retrouvant des réflexes oubliés, se met à filer sur les flots. En deux heures, on rejoint Praslin. Cela suffit au cuisinier pour préparer dans sa toute petite cuisine un délicieux plat à base de poulpes et des fruits à pain. Demain, c'est la grande traversée pour retourner sur Mahé. Dernière nuit à bord, bercés par les ondulations de l'océan. Se gorger encore du spectacle des étoiles et du zéphir qui caresse la joue.

Ci-contre : tortue géante des Seychelles. / Colonie de sternes fuligineuses. / Plage tropicale sur l'île de Grande Sœur.

PRATIQUE

ALLEZ-Y SI
Vous voulez rejouer le film *Emmanuelle* (tourné sur Praslin) ; vous voulez voir de vos yeux la plus belle plage du monde avant de mourir.

ÉVITEZ SI
Le bonheur, c'est pas votre truc ; vous avez peur de prendre une coco-fesse sur la tête ; vous pensez croiser une tortue ninja.

SITUATION
Situé dans l'océan Indien, l'archipel des Seychelles compte 115 îles, dont 43 îles granitiques (Praslin, La Digue, Cousin, Curieuse...) autour de Mahé, qui abrite la capitale Victoria. Elles se distinguent par leur relief couvert d'arbres tropicaux et leurs anses de sable fin encadrées de gros rochers. Entre 250 et 1 100 km vers le sud-ouest, les îles Extérieures (Alphonse, Bijoutier, Aldabra...) sont d'origine corallienne et s'élèvent seulement de quelques mètres au-dessus du niveau de la mer.

COMMENT Y ALLER ?
A/R Paris–Mahé avec Air Seychelles en 10 h. Comptez autour de 13 h avec escale avec Turkish Airlines Emirates ou Qatar Airways.
L'aéroport international des Seychelles se situe sur l'île de Mahé.
Un visa n'est pas nécessaire, mais il convient de solliciter en ligne une autorisation de voyage : https://seychelles.govtas.com.

QUAND PARTIR ?
Les Seychelles bénéficient d'un climat tropical avec des saisons peu marquées. On peut se baigner et faire de la plongée sous-marine quelle que soit la période. La température de l'eau oscille entre 27 et 30 °C.

AVEC QUI PARTIR ?
La compagnie Silhouette Cruise propose des croisières à bord du Sea Pearl, une goélette à deux mâts de 36 m, totalement aménagée pour le confort des passagers. Elle possède 8 cabines climatisées avec lavabo. Les sanitaires sont à partager. L'équipage se met en quatre pour rendre le séjour agréable. Mention spéciale pour le chef qui régale. www.seychelles-cruises.com.

Plus d'infos : www.seychelles.fr.

TANZANIE

LA VIE DES BÊTES AU NGORONGORO

Lieu du rendez-vous : le Ngorongoro, un immense cratère au nord-est de la Tanzanie. Il y a plus secret mais certainement pas plus sublime. Objet du rendez-vous : rencontres fortuites et sauvages avec de drôles de zigues à poils, à plumes et en cuir. Ça promet d'être chaud, en dépit d'un petit air frais porté par l'altitude.

FREINAGE D'URGENCE ET GALOP DANS LES HERBES POUR S'APPROCHER DES BÊTES.

La première fois, ça surprend, la deuxième et la troisième fois aussi d'ailleurs. Puis on s'habitue, c'est comme tout. La première fois, on fait stopper brutalement le *Toyota Land Cruiser* sur le bord de la route asphaltée pour s'élancer dans la verte prairie toute piquetée d'acacias où batifolent des girafes. Les troupeaux de zèbres déclenchent les mêmes réactions hystériques au début. Freinage d'urgence et galop dans les herbes pour s'approcher des bêtes. Il n'y a pas une heure que l'on a quitté la grande ville d'Arusha, au nord-est de la Tanzanie, et déjà on se frotte les yeux. Par la portière, au lieu des bonnes vaches de par chez nous, on voit défiler quelques animaux de la grande faune africaine, à commencer par le plus haut d'entre tous et certainement l'un des plus bizarres d'un strict point de vue morphologique et dirons-nous vestimentaire. Non seulement la girafe a quelque chose d'un chameau qui culminerait à 5,80 m, mais sa robe tachetée n'est pas sans rappeler celle du léopard, ce qui lui a valu depuis l'Antiquité jusqu'au Moyen Âge d'être désignée par le vocable *camelopardalis*, soit chameau-léopard. On roule donc en tournant le dos au Kilimandjaro pour rejoindre le cratère du Ngorongoro, considéré par certains comme la huitième merveille du monde.

Ci-contre : troupeau de girafes dans la savane. / Ci-dessus : le lac Magadi dans le parc national du cratère du Ngorongoro. / Ci-après : zèbres au bord du lac dans le cratère du Ngorongoro.

HAKUNA MATATA

— ◊ —

Des zèbres, des girafes, des zèbres, des girafes, tiens des gazelles ! Et puis, divaguant dans la savane alors que le soleil se fait déjà la malle, deux jeunes Massaï revêtus de hardes noires, le visage enduit d'une pâte blanche. Plus ou moins fraîchement circoncis (les filles sont excisées), ils ont été chassés du village. Pour quelques semaines ou quelques mois, ils doivent vivre en pleine nature le temps d'apprendre à se dépouiller des sentiments d'égoïsme et de fierté, avec l'obligation cependant de retourner au village pour participer à des cérémonies. À l'issue de la période, ils accèdent au rang de jeune guerrier. Ils sont prêts alors à mettre au service de la tribu leur nouvelle sagesse. Toute la vie des Massaï, ces pasteurs nomades vivant entre la Tanzanie et le Kenya, est ainsi rythmée par des rites de passage : depuis leur plus jeune âge quand ils reçoivent des scarifications puis quand ils entreprennent de percer leurs oreilles dont ils distendent ensuite les lobes qui finissent par sacrément pendouiller sauf lorsqu'ils prennent soin de les retrousser pour les accrocher sur le dessus de l'oreille comme une écharpe à un porte-manteau. Au crépuscule, le véhicule tout-terrain fait halte aux abords du lac Manyara, très prisé des flamants roses, lesquels à cette heure ont ceci de commun avec les chats qu'ils sont tous gris. On va dormir ici. Pas fâchés de quitter la bagnole qui nous a administré en cahotant ce qu'on appelle le massage africain, mais on peut dire que tout va bien, *hakuna matata* en swahili. À en juger par le nombre de fois que l'expression a été serinée depuis le départ, on ne peut s'empêcher de penser que ce safari est placé sous les meilleurs auspices, *safari* qui ne veut rien dire d'autre que voyage, toujours en swahili. Voilà pour la minute linguistique. Sur la terrasse, le moustique, l'animal le plus dangereux du continent, est passé à l'attaque. Pas de quartiers, telle est sa consigne, et les vêtements offrent une protection dérisoire devant sa voracité s'ils n'ont pas été aspergés au préalable d'un anti-moustique à tuer un buffle par inhalation. Cette précaution prise, on peut se désaltérer en sirotant au bar une Kilimandjaro bien fraîche. « It's Kili time ! » (c'est l'heure de la *Kili*) dit sobrement la pub pour la bière, et franchement on est d'accord. L'étiquette représente sans surprise le Kilimandjaro avec dans un médaillon la tête d'une girafe, de l'arabe *zarafa*. De quoi faire de beaux rêves sous la moustiquaire !

AU CŒUR DU VOLCAN

— ◊ —

Village de Karuta, dernier plein d'essence avant de s'aventurer sur la piste du Ngorongoro. Le 4 x 4 s'est hissé sur les flancs du volcan pour finalement atteindre le bord du cratère perché à 2 200 m, où quelques nuages s'accrochent aux cimes des arbres de la forêt d'altitude. Ce que l'on voit alors sous nos pieds, au creux du volcan, laisse béat. 600 mètres en contrebas s'étire une plaine verdoyante circonscrite évidemment aux parois de la caldeira mais tellement vaste que les limites s'estompent. C'est comme une immense piste de cirque que l'on contemplerait du haut du chapiteau. Sur fond de vert et de jaune se détachent les silhouettes de milliers d'animaux, troupeaux de gnous, de zèbres, de buffles qui paissent, scène idyllique qui nous ramène au monde d'avant le déluge, quand Noé se la coulait douce sans se faire aucun souci pour les animaux de la Terre. Il y a aussi des gazelles de Grant et des gazelles de Thomson, qui ont le malheur de plaire indistinctement aux guépards. Après, cela se règle au sprint, le plus rapide gagnant le droit de manger. Le lion, dont la vélocité n'est pas la première des qualités, préfère s'attaquer à des proies moins virevoltantes ; mais en pleine journée, il songe surtout à glander à l'abri du soleil. Trois jeunes fauves occupés à se rouler dans l'herbe sans même un regard pour leurs casse-croûte à cornes pourtant très proches nous font douter de leur classification à l'ordre des carnivores. Pour une partie de chasse à courre, il faudra repasser. Dans les eaux basses du lac Magadi, des flamants roses cherchent leur pitance. Très loin, on aperçoit un rhinocéros noir et son petit. Un éléphant joue à cache-cache entre les arbres d'une forêt luxuriante. Plus tôt, on avait pu voir le legs de l'un de ses congénères : deux défenses émergeant d'une flaque boueuse. Le ranger armé de sa kalachnikov a expliqué que le pachyderme était mort là de vieillesse sans se montrer très convaincant. Une nouvelle méthode d'élimination des éléphants mise en pratique récemment sur l'aire protégée du Ngorongoro consiste à les piéger avec une citrouille empoisonnée, ce qui présente l'avantage de ne plus tenir à l'écart d'une activité lucrative les tireurs maladroits qui font ça à l'ancienne avec un fusil. Dans un marais, des hippopotames barbotent en ne laissant pointer à la surface de l'eau que leur formidable mufle, leurs petits yeux ronds et leurs oreilles mignonnettes, deux bourgeons de chair qui auraient refusé d'éclore.

IT'S KILI TIME !

Changement de décor. On quitte l'arche de Noé taille XXL. Direction le nord sans passer par les gorges d'Olduvai, considérées comme un berceau de l'humanité depuis les découvertes des paléontologistes Louis et Mary Leakey. À arpenter des plateaux semi-désertiques, on rencontre des *bomas*, ces villages massaï clôturés par une haie d'une variété de myrrhe, un arbuste épineux destiné à tenir à distance les prédateurs qui en voudraient au bétail. À l'intérieur des huttes recouvertes d'un torchis de terre et de bouse séchée, c'est à peine si une lumière filtre en plein jour. On ne distingue les silhouettes qu'après quelques secondes ; quant au confort, on pourrait y passer la nuit, on en verrait pas. L'habitat est à ce point rudimentaire que même le safariste le plus endurci n'en a pas rêvé. Il peut se réjouir : son dernier bivouac se tient sur l'herbe tendre, dans un cadre merveilleux. D'un côté, vue sur l'Oldoinyo Lengai, la « Montagne des Dieux » pour les Massaï, un volcan en activité qui s'impose comme le troisième sommet de la Tanzanie après le Kilimandjaro et le Meru. En voyant sa forme parfaite, nul doute qu'Hokusai aurait fait quelques infidélités au Fujiyama, aurait fait estampe buissonnière. De l'autre côté, vue sur le lac Natron, d'un bleu turquoise, où au moins deux millions de flamants nains et néanmoins roses aiment à se reproduire. Le soleil va bientôt se coucher, le ciel se draper de rose... « It's Kili time ! »

Ci-dessus : rhinocéros, zèbres, gnous, flamants roses et hippopotames dans le cratère du Ngorongoro.

PRATIQUE

ALLEZ-Y SI

Vous avez adoré *Le Roi Lion* ; vous possédez un caractère volcanique ; Hemingway compte parmi vos auteurs fétiches.

ÉVITEZ SI

Vous n'envisagez pas de rouler ailleurs que sur du bitume bien lisse ; vous comptez faire des risettes aux si mignons hippopotames ; les moustiques aiment particulièrement votre peau.

COMMENT Y ALLER ?

A/R Paris–Arusha via Addis Abeba (12 h 40) avec Ethiopian Airlines.

Un passeport dont la validité est supérieure à 6 mois à compter de la date d'arrivée en Tanzanie est exigé. Un visa électronique (50 USD) peut être obtenu sur le site du gouvernement : https://eservices.immigration.go.tz.

QUAND PARTIR ?

On peut aller en Tanzanie à n'importe quelle période. La haute saison s'étend de décembre à février et de juillet à septembre durant la saison sèche. Le climat et les températures dépendent de l'altitude et de la proximité de la mer. Il fait de 24 à 27 °C de juin à septembre, de 30 à 35 °C de décembre à mai.

Plus d'infos : www.tanzaniatourism.go.tz.

ZIMBABWE

LE LIVRE DE LA SAVANE

C'est un pays où le Zambèze fait du trapèze, s'élance et tombe.
Chutes de toute beauté : une merveille nommée « Ze Victoria Falls ».
C'est un pays où dans la savane dorée comme le miel, il y a des gnous
et des koudous, des zèbres et des lions, des zoryx et des zéléphants.
C'est un pays qui signe son nom d'un Z qui veut dire Zimbabwe. Allons-y !

L'Antelope Park, à 225 km au sud-ouest de la capitale Harare, porte un drôle de nom vu qu'il a bâti sa notoriété sur son engagement en faveur des lions. Le propriétaire est Andrew Connely, un homme à poigne en dépit d'un bras gauche abandonné par étourderie dans la gueule d'un lion. « *C'est arrivé par ma faute. Je n'aurais pas dû glisser mon bras dans l'enclos. Depuis cet accident, j'aime encore plus les lions* », raconte-t-il calmement. Cela fait 25 ans qu'il s'occupe d'eux, exactement depuis le jour où on lui a rapporté des lionceaux abandonnés. Et d'ajouter : « *Je suis sur Terre pour les aider.* » Tant mieux, car ils ont besoin d'un sérieux coup de main.

POUR L'AMOUR DES LIONS

D'après l'UICN (Union internationale pour la conservation de la nature), leur nombre avoisinerait les 20 000 quand on en comptait dix fois plus au milieu du XIXe siècle. Entre 1993 et 2014, leur population a chuté de 43 % en raison de la dégradation de l'habitat, de la disparition progressive des proies et des conflits avec les humains. Une solution prônée depuis quelques années par M. Connely à travers l'association ALERT consiste à relâcher dans la nature des lions élevés en semi-liberté mais nés en milieu sauvage au terme d'un programme en trois étapes. Bien qu'il ait fini par convaincre des scientifiques reconnus du bien-fondé de sa démarche, beaucoup sur place ne ménagent pas leurs attaques et lui prédisent un échec. Pas de quoi décourager le bonhomme : « *Quand nous procéderons aux premiers lâchers, nous ferons taire toutes les critiques. La nouveauté, c'est que nous remettrons en liberté des clans et non des individus comme cela a pu se pratiquer ailleurs. Bien sûr, tout programme de ce type doit s'appuyer sur les communautés et leur profiter pour avoir une chance de réussir.* »

Ci-contre : arc-en-ciel au-dessus des chutes Victoria.

SUR LES TRACES DES RHINOCÉROS

— ◊ —

Plus au sud, il y a le parc national de Matobo. Il y a aussi Norman Scott, qui ne dépareillerait pas dans un album de Tintin, avec ses brodequins, chaussettes roulées en bas des chevilles, short, chemisette et bob, le tout dans un camaïeu de kaki facilitant le camouflage. Ce matin, Norman a pour mission de nous conduire à pied à travers la savane sur les traces des rhinocéros. Chemin faisant, quelle satisfaction de découvrir du crottin sur le bord du chemin ! Les rhinocéros ne doivent plus être très loin. Afin de les repérer, on escalade une de ces collines formées par des amas de gros rochers de granite ocre auxquels s'accrochent quelques acacias opiniâtres. Avec ses jumelles, Norman a vite fait d'en localiser trois. Désormais, il s'agit de foncer pour ne pas les perdre. Gagnés par l'ivresse de la traque, on en oublierait presque que l'on court après un bestiau qui pèse dans les deux tonnes quand il est noir, au moins trois quand il est blanc, qui peut se mouvoir à la vitesse de 50 km/h et qui n'est pas aussi bigleux qu'on le dit. Méfiance tout de même. Au cours de l'approche à contrevent, Norman siffle à intervalles réguliers pour les avertir de notre arrivée. Il ne faut surtout pas les surprendre sous peine de les effrayer et de subir en réaction une charge. On s'arrête à une dizaine de mètres. Eux font comme si de rien n'était. Un tuyau du guide s'avère inutile : « *Quand le rhinocéros est énervé, il tortille sa queue.* » Avec nous, tout se passe comme sur des roulettes, ils savent bien qu'on n'en veut pas à leur corne, dont le prix au kilo varie entre 50 000 et 70 000 euros. Une somme mirobolante qui attire des braconniers lourdement armés. Scott déplore qu'ils n'encourent qu'une peine de prison de 17 ans et trouve tout à fait normal que les rangers tirent à vue en cas de rencontre sur le terrain : « *Si j'étais président, je leur appliquerais la peine de mort, quoique la prison, dans ce pays, aboutisse au même résultat. On a toutes les chances d'y mourir du sida ou carrément de faim.* »

CI-GÎT CECIL RHODES

— ◊ —

Non loin de ce coin discret où l'on observe un couple de rhinocéros en train de glander à l'ombre illusoire d'un acacia, s'élève en pente très douce la colline de Malindidzimu, aussi appelée « La vue du monde ». Tout autour, ravines, escarpements, vallées, et plus loin des montagnes barrant l'horizon évoquent un temps très lointain, un temps avant tout géologique. Sur le sommet, de gros rochers arrondis ont été éparpillés comme par la main d'un géant. On éprouve la sensation étrange qu'ils veulent nous murmurer quelques secrets aussi vieux que le monde. Les musaraignes à trompe qui se dandinent de l'un à l'autre sur leurs pattes grêles sont peut-être dans la confidence. Difficile de croire que cette bestiole ne pesant pas 50 g a pour cousin, certes fort éloigné, l'éléphant. Vraiment tout serait pour le mieux sur « La vue du monde » si trois importuns n'avaient pas jugé bon de s'y faire enterrer. Parmi eux, Cecil Rhodes, le magnat des diamants, qui s'empara du pays qui allait devenir la Rhodésie du Sud au profit de la Couronne britannique. Pour ne rien arranger, une vilaine tour sert de mausolée à une trentaine de soldats morts au combat lors de la première guerre d'indépendance en 1893. Des voix s'élèvent régulièrement pour se débarrasser de la tombe du colonisateur, mais Robert Mugabe s'y oppose, arguant qu'elle fait partie de l'histoire nationale. Voici pour la raison officielle ; l'autre est moins avouable : la tombe de Rhodes attire beaucoup de touristes et rapporte par conséquent des recettes à un État qui en manque cruellement. Même mort, Cecil Rhodes garde le sens des affaires.

Page de gauche : acacia dans le parc national de Hwange. / Ci-dessus : hippopotame dans le parc national de Mana Pools. / Éléphants à un point d'eau du parc national de Hwange. / Montagne sacrée du parc national de Matobo. / Lion et lionne dans le parc national de Mana Pools.

LEÇONS DE BROUSSE

— ◊ —

Nous voici à Hwange. Bordé à l'ouest par le Botswana, le plus grand parc du Zimbabwe (14 650 km²) est le refuge de plus d'une centaine de mammifères, parmi lesquels on trouve évidemment les « big five » comme on dit : éléphant, rhinocéros, buffle, lion et léopard. Les « cinq gros » que l'on veut voir à tout prix. Difficile cependant de faire le grand chelem, le léopard, animal taciturne et nocturne, ne faisant que de rares apparitions. Tout le contraire de l'éléphant. En veux-tu ? En voilà ! Aux premiers « ah ! » de plaisir quand on voyait passer les premiers spécimens succèdent rapidement les « pfff » de lassitude. À peine si on les regarde encore. L'espèce serait en danger ? C'est pas possible, on nous cache la vérité. Il faut les voir se ruer sur l'abreuvoir disposé contre la terrasse d'un camp de brousse. Aucune manière, mais la bataille de trompes réveille les plus blasés des observateurs. Il faut dire qu'il fait chaud dans le coin. Sans une cinquantaine de pompes puisant dans les nappes phréatiques afin d'établir des points d'eau artificiels, les animaux ne pourraient pas survivre aux saisons sèches dans le parc. Le guide Murumbwa Padiwa, plus connu sous le nom de Michael, a décidé devant un coquet étron d'éléphant de faire étalage de sa science : « *Remarquez le trou creusé par le jet d'urine. Il est profond ; le jet était donc puissant. Il est aussi assez éloigné du crottin. Ça ne peut être qu'un mâle. Il n'était pas pressé et se dirigeait par là. Le jet indique la direction.* » Qu'on se le dise : déféquer dans la savane n'a rien d'anodin et la NSA peut bien aller se rhabiller, celui qui sait tout, c'est Michael. Son animal préféré est le babouin : « *Je peux passer des heures à les regarder. Ils sont si proches des humains. La façon dont les uns et les autres se caressent la tête est très touchante. On se croirait dans un salon de coiffure.* » Et le léopard ? C'est une autre histoire. On parle d'un homme qui aurait vu un homme qui a vu le léopard… Il faudra revenir au Zimbabwe pour tirer ça au clair, et c'est une très bonne nouvelle.

PRATIQUE

ALLEZ-Y SI

En plus des « big five », vous voulez voir les « ugly five », les « 5 affreux » : gnou, hippopotame, hyène, marabout, phacochère ; vous n'avez pas encore trouvé le lieu idéal pour exécuter votre fameux saut de l'ange : les chutes Victoria feront l'affaire ; vous collectionnez les pays dont le nom contient un z et un w.

ÉVITEZ SI

Vous n'avez que faire des « small five », les « cinq petits » : musaraigne à trompe, tortue léopard, scarabée licorne, tisserin des buffles, fourmilion ; après votre passage au Zwaziland, vous savez que vous ne ferez pas mieux en terme de z et w.

COMMENT Y ALLER ?

A/R Paris–Harare via Johannesbourg avec Air France (15 h 30 de vol).
Un passeport valide 6 mois après la date de retour ainsi qu'un visa sont obligatoires. Pour les Français, le visa s'obtient facilement à l'aéroport. Il coûte 30 USD (1 entrée).

QUAND PARTIR ?

De mi-mars à mi-mai, c'est la fin de la saison des pluies : la nature exulte. Les chutes Victoria atteignent leur plus haut débit. De mi-mai à mi-août, c'est l'hiver et la saison sèche : les nuits peuvent être fraîches. L'eau commence à se raréfier. Les animaux commencent à se regrouper autour des mêmes points d'eau. De mi-août à mi-novembre, c'est la période la plus chaude. Autour des dernier points d'eau, il y a foule : idéal pour les safaris. De mi-mars à mi-novembre : c'est la saison des pluies sous forme d'averses en fin de journée. Les oiseaux migrateurs débarquent, tandis que les mammifères sont plus difficiles à voir.

Plus d'infos (en anglais) :
www.zimbabwetourism.net.

Page de gauche : coucher de soleil sur le parc national de Matobo. / Ci-contre : zèbres se rassemblent pour boire dans le parc national de Matobo. / Antilopes galopant dans le parc national. / Coucher de soleil dans le centre du Kalahari.

ASIE

LES YAKS DU PAYS BROKPA

Aux confins de la Chine et de l'Inde s'accroche un royaume perdu dans les nuages longtemps oublié du monde. Tout à l'est du pays, dans une région plus isolée encore puisqu'elle ne s'est ouverte aux étrangers qu'en 2000, les Brokpas, petit peuple d'éleveurs de yaks, s'extirpent doucement de leur isolement.

Peu de pays dans le monde font autant saliver que le Bhoutan. Serait-ce parce que ce pays à califourchon sur l'Himalaya s'est à peine laissé effleurer par les doigts griffus de la modernité ? Qu'on y croise plus de chiens que de voitures, moins de nouveaux riches arrogants que de lamas légers comme la cendre et que dans le regard des gens, on croit voir le beau temps ? Ou peut-être aussi que les droits de séjour parfaitement extravagants – 250 USD par jour – laissent augurer d'un pays de cocagne où coulent le lait et le miel ? En tout cas, la longue route sinueuse qui mène en quelques jours de l'aéroport de Paro tout à l'ouest, jusqu'aux terres des Brokpas tout à l'est, laisse le temps de s'imbiber doucement du pays : le tourbillon des vêtements traditionnels – le *gho* pour les hommes et la *kira* pour les femmes – qui, malgré un assouplissement récent du *driglam namzha*, le code de conduite du bon citoyen bhoutanais, sont encore très largement répandus ; la sérénité des *dzongs*, ces temples-forteresses accrochés on ne sait comment aux flancs d'une falaise improbable, et qui semblent prêts à basculer dans le vide à la moindre bourrasque ; les troublantes décorations ithyphalliques qui se dressent, gland impérial et bourses joufflues, sur les façades des maisons et les arrosent d'une laitance généreuse supposée apporter prospérité et large descendance aux occupants.

Ci-contre : yak blanc dans un habit traditionnel. / Ci-dessus : nature de la région himalayenne.

SUR LES PAS DES BROKPAS

— ◊ —

Au bout de la route, il y a le pays brokpa. Le bout de la terre, le bout du bout, le bout du Bhoutan. Longtemps interdite aux étrangers en raison de l'éphémère guerre sino-indienne qui, dans les années 1960, y avait semé quelques carcasses d'obus et d'hélicoptères, la région s'est finalement entrouverte au tourisme en 2010. Les premières personnes croisées sur le sentier annoncent un peuple foncièrement différent des Drukpas, qui habitent le reste du pays. Un vieux bonhomme remonte vers son village de Merak les bras et les jambes bien écartés du corps tout en marmottant une litanie de mantras. Cette démarche roulante de matelot sortant du cabaret, il la doit à son épaisse veste de laine rouge ainsi qu'à ses jambières de cuir raide qui remontent jusqu'en haut des cuisses. Et aussi parce qu'il est un Brokpa, « un homme des pâturages » et qu'après tout, il est ici chez lui. Le sentier pour accéder à ce village s'extirpe des rhododendrons, roule sur des alpages dévotement broutés par des essaims de moutons blancs avant de replonger dans le vert d'une plaine striée de torrents glacés. Au loin, du côté de l'Arunachal Pradesh, des montagnes saupoudrées de blanc montrent leurs crocs. Quand on demande à Kelsang, le guide, où se trouve le campement du soir, il répond en désignant du menton une théorie de reliefs lointains : « *Là-bas, juste sous le ciel !* ».

BIENTÔT UN TINTINNABULEMENT DE CLARINES ANNONCE L'ARRIVÉE D'UNE CARAVANE DE YAKS.

DES YAKS ET DES TÉLÉPHONES

— ◊ —

Nous quittons Merak sous un ciel couleur d'huître. Une écharpe de brume laineuse s'effiloche sur les pointes des sapins. Avec l'altitude, la forêt se farde de blanc et puis finit par jeter l'éponge pour céder le terrain aux tapis de rhododendrons peu avant le col de Nakchung, à 4 050 m. Sakteng n'est plus qu'à 2 heures de marche. Bientôt un tintinnabulement de clarines annonce l'arrivée d'une caravane de yaks, ou plus exactement de *dzos*, des hybrides de yaks et de vaches domestiques. Tashi Phuntsok, qui vient de Sakteng, marche en queue de cortège. Malgré son air de misère insouciante et sa bouche qui connaît plus de trous que de dents, cet éleveur, avec 40 yaks, 30 dzos et 7 chevaux, est un gros propriétaire. Il explique que l'hiver, les yaks peuvent rester en altitude, autour de 3 500-4 000 m, tandis que les *dzos* doivent redescendre dans la vallée, à moins de 2 500 m vers Shingkar Lauri, à 5 jours de marche d'ici. Chaque année, toute la famille – sauf les bambins et les vieillards – accompagne cette transhumance.
De vieilles relations commerciales et amicales se sont instaurées entre familles brokpa et familles des basses vallées. Le *netsang*, par exemple, est toujours en usage : en été, les Brokpas apportent du beurre de yak, un produit fort réputé pour son goût et sa qualité, et se font payer en nature – sacs d'orge ou de riz – seulement en hiver. Tashi interrompt ses explications pour répondre à un appel sur son portable. Oui, son portable. Car c'est la magie du pays brokpa : les gens sont habillés comme l'étaient leurs aïeux voici 800 ans, l'eau courante n'est connue que des torrents, une poignée de générateurs cacochymes fournissent une électricité douteuse, mais depuis 4 ou 5 ans, n'importe quel gardien de yaks est à même de passer un coup de fil à sa bonne amie, quel que soit le coin de montagne déshéritée où il se trouve...

Ci-contre : stupas bouddhistes dans l'Himalaya. / Yak au pied de la montagne Jomolhari. / Calao à cou roux. / Ci-après : monastère du Nid de Tigre, à Paro.

PRATIQUE

ALLEZ-Y SI

Vous rêvez de découvrir un pays encore à peu près dans son jus ; vous avez la nostalgie du Tibet avant les Chinois ; vous en avez les moyens (le montant des frais de séjour est quand même exorbitant !).

ÉVITEZ SI

Vous croyez vous rendre dans un pays moyenâgeux où ne circulent que des charrettes tirées par des bœufs ; vous n'aimez pas les chiens (en bons bouddhistes, les Bhoutanais ne les tuent pas et les laissent proliférer dans les rues).

SITUATION

À l'est de la chaîne himalayenne, entre la Chine et l'Inde, le Royaume du Bhoutan, à peu près aussi grand que la Suisse, est longtemps resté isolé en raison de conditions géographiques extrêmes au nord et au sud. Le sud du pays, généralement recouvert d'une jungle impénétrable, prolonge la plaine indienne. Le centre est la région des premiers contreforts de l'Himalaya, une zone de collines et de montagnes plus ou moins abruptes séparées du nord au sud par huit vallées successives. L'essentiel de la population vit dans ces vallées de l'Himalaya central. Enfin, le grand Himalaya domine de ses sommets enneigés – une douzaine à plus de 7 000 m – le reste du pays.

COMMENT Y ALLER ?

A/R Paris–New-Delhi. avec Air India, Qatar Airways, Air France (8 h de vol). Rejoindre Paro, la capitale du Bhoutan, avec Druk Air.
Un visa est nécessaire (40 USD). Le Département du tourisme bhoutanais ne délivre pas de visa directement. La demande doit être faite au moins 15 jours avant le départ, par l'intermédiaire d'un des nombreux tour-opérateurs agréés au Bhoutan ou de leur représentant à l'étranger. En complément du visa, les voyageurs doivent s'acquitter de la taxe (Sustainable Development Fee – SDF), d'un montant de 100 USD par jour.

QUAND PARTIR ?

Dans la plupart des régions bhoutanaises, le printemps et l'automne sont les saisons idéales pour le trekking. La mousson dure de juin à septembre. De fin février à fin avril, les rhododendrons en fleurs viennent colorer le décor. Octobre-décembre est la saison la plus claire. Comme souvent en montagne, les nuages se forment dans l'après-midi et éclatent en orages.

ANGKOR, J'ADORE

T'as voulu voir Pétra et on a vu Pétra, t'as voulu voir Palmyre et on a vu Palmyre, t'as voulu voir Louxor et on a vu Louxor, t'as enfin voulu voir Angkor et on a vu Angkor, et maintenant tu en redemandes, comme toujours. À y repenser, tout ce temps passé sans connaître Angkor, c'est insupportable. Angkor, on adore.

1515, ça vous dit quelque chose ? 1515, c'est Marignan, bien sûr. Même les plus bouchés parmi les cancres des écoles de France ont retenu cette date historique (du moins jusqu'à la fin du XXe siècle). Magie du 15 accolé à un autre 15 et de Marignan sonnant aussi fièrement que D'Artagnan. Quant à savoir ce qu'il s'est passé cette année-là, il ne faut pas trop leur en demander non plus. 1515, c'est Marignan, un point c'est tout. Et tant pis si l'on a oublié que François Ier mit en déroute de féroces soldats suisses mugissant dans la campagne à proximité de Milan. Et 1432, c'est quoi ? Ah ! On fait moins les malins ! 1432, c'est la fin « officielle » de la cité d'Angkor. La capitale du Royaume du Cambodge est abandonnée par le roi et sa cour. Bon, on n'est pas à quelques années près, la ville ne fut pas entièrement désertée du jour au lendemain, mais sa décadence devait dès lors être rapide et définitive. Le grand François ébloui par les beautés de la Renaissance italienne se serait sans doute esbaudi devant la magnificence d'Angkor si seulement il avait eu vent de son existence. Songez qu'elle fut la plus grande ville du monde au XIIe siècle avec un million d'habitants. Après 1432, elle tomba donc dans l'oubli et la jungle pressante, oppressante ne se priva pas de l'engloutir au cours du temps. Les maisons ordinaires en bois disparurent à jamais, les monuments religieux furent ensevelis sous la végétation. Et c'est ainsi qu'Angkor devint la ville au bois dormant.

Ci-contre : temple d'Angkor Wat au coucher du soleil à Siem Reap.

LES MONUMENTS D'ANGKOR NE PEUVENT ÊTRE, SELON LES VILLAGEOIS, QUE L'ŒUVRE DE DIVINITÉS CAPABLES DE TRANSFORMER LE SABLE EN PIERRE.

L'EFFET PLUS D'ANGKOR

— ◊ —

Si une guerre perdue contre le Siam précipita la chute d'Angkor, elle ne saurait tout expliquer, loin de là. De nombreux scientifiques de tous pays sont à pied d'œuvre pour tenter de percer le mystère. 1432, ça leur dit bien quelque chose, mais ils aimeraient justement en savoir plus, notamment sur le gigantesque maillage hydraulique de canaux et de réservoirs déployé entre les monts Kulen et le Grand Lac, Tonlé Sap. Un miracle d'ingénierie si l'on considère qu'il fut réalisé à travers une plaine aussi plate qu'une pensée de Nabila et qui en garantissant le bon fonctionnement de la ville en assurait la prospérité. Un défaut d'entretien aurait pu à la longue dérégler la belle mécanique, petit grain de sable qui aurait fini par saper les fondements de la suprématie du royaume. 1432, pas sûr que cela produise chez les Cambodgiens le même effet que Marignan chez nous. Même aux portes d'Angkor, les habitants de Siem Reap ignorent la fameuse date. Ce qu'ils savent en revanche, c'est que ces prodigieuses ruines adulées par les touristes sont bonnes pour le business. Comme tout le monde veut profiter de l'aubaine, la ville grossit à toute allure et de manière anarchique. D'ici peu, elle détrônera Battambang comme deuxième ville du pays. On prend la pleine mesure de cette croissance effrénée en se glissant dans le trafic. Dans les rues de terre ou d'asphalte, vélos, scooters, motos, tuk-tuks, motos-taxis, motoculteurs (parfaitement ! motoculteurs), 4 x 4, bus se croisent et s'entrecroisent sans accrochages.

LE TEMPLE DES TEMPLES

— ◊ —

Si près d'eux et pourtant si loin. Les monuments d'Angkor ne peuvent être, selon les villageois, que l'œuvre de divinités capables de transformer le sable en pierre. Quant à savoir à quel moment ils furent érigés, c'était sûrement « *il y a très longtemps vu qu'ils étaient déjà là à l'époque de [leurs] grands-parents* ». Remarque entendue dans un village qui ne rend pas justice au très vénérable Angkor Vat construit au XIIe siècle à la demande du roi Sûryavarman II. Voici donc le plus grand temple khmer, le plus sublime aussi (enfin, ça peut se discuter) et qui peut tenir plié dans la poche sous la forme d'un billet de 500 riels. Contemporain de Notre-Dame de Paris, le temple, consacré à Vishnou, occupe le centre des 82 hectares de la ville. Son architecture, comme celle de tous les autres temples khmers, est conçue comme une allégorie de la mythologie indienne. Les douves représentent les océans mythiques entourant le monde, les murs d'enceinte les montagnes autour du mont Merou, symbolisé par la tour centrale, la plus haute. À son sommet résident les dieux. Puisqu'on est là, il serait vraiment dommage de ne pas jeter un œil sur les splendides bas-reliefs ne serait-ce que par égard pour les sculpteurs, stakhanovistes du maillet et du ciseau qui ont orné avec délicatesse 600 mètres de murs d'enceinte sur une hauteur de 2 mètres. L'occasion de découvrir les apsaras, divinités célestes aux seins ronds et fermes comme des mangues. Conseillez-leur le port d'un soutien-gorge, elles s'y refuseront avec entêtement et prendront au contraire les poses les plus suggestives. Ces beautés parées des plus beaux bijoux ont une mission : s'accoupler avec les héros khmers tombés au champ d'honneur. Sans doute impressionné par ces créatures et dédaigneux des plaisirs posthumes, le roi entretenait à sa cour un cortège de danseuses n'ayant rien à envier aux sex-symbols de pierre. Le fait a été rapporté, c'est pas joli, par Tchéou Ta-Kuan, un émissaire chinois du XIIIe siècle, ébloui par la magnificence de la cité et ému par le charme des demoiselles.

Ci-dessus : racines d'arbres entourant les temples. / Site archéologique de Koh Ker. / Jeune moine bouddhiste.

SUBLIME ÉTREINTE

— ◊ —

Grâce aux moines qui toujours fréquentèrent Angkor Vat, le temple fut préservé des appétits de la forêt, ce qui explique sa relative bonne conservation. À une quarantaine de kilomètres, Beng Mealea, comme le très fameux Ta Prohm, a au contraire cédé aux assauts des arbres. Laissé en l'état, il est le plus spectaculaire témoignage du corps-à-corps aussi muet que féroce entre la pierre et le végétal. Les racines des ficus, fromagers, gommiers et autres banians, semblables aux tentacules d'une pieuvre, ont patiemment disjoint les blocs, écartelé les murs couverts de lichens, percé les voûtes, créant ainsi un chaos d'une beauté stupéfiante. Bien arrimés à leur socle de grès, les arbres ont hissé très haut dans le ciel leurs frondaisons, bruissantes dès l'aube des cris des oiseaux, perruches vertes et coucals. D'un coup, c'est comme si l'on se retrouvait projeté 150 ans en arrière, aventurier découvrant dans le tréfonds de la jungle le temple perdu, après des journées de marche émaillées de combats contre des tigres affamés et des tribus sanguinaires (sous le choc esthétique, l'imagination de certains peut s'emballer). Mais quelqu'un me fait un signe assez facile à déchiffrer : « *Vous êtes dans le cadre de la photo, si vous étiez assez aimable pour vous déplacer…* »

Ci-dessus : temple de Ta Prohm dans la lumière du matin.

PRATIQUE

ALLEZ-Y SI

Vous aimez d'un amour égal Brahma, Shiva, Vishnou, Bouddha, les petits génies, en un mot si vous êtes un adepte du syncrétisme religieux ; vous n'imaginez pas de vacances sans voir de vieilles pierres ; vous voulez rapporter quelques dizaines de kramas (foulard traditionnel à carreaux) ; vous adorez les noix de cajou.

ÉVITEZ SI

Vous gondolez sous l'effet d'une chaleur moite ; un seul temple suffit à votre bonheur puisqu'ils sont tous pareils ; vous n'avez jamais aimé Kim Wilde quand elle chantait « Cambodia », une question d'âge peut-être.

COMMENT Y ALLER ?

A/R Paris–Siem Reap (14 h) via Singapour avec Singapore Airlines.
Le passeport doit impérativement faire apparaître une durée de validité d'au moins 6 mois après la date de sortie. Le visa obtenu auprès de l'ambassade (35 €) ou à l'arrivée (35 USD) est valable pour une durée d'un mois. En outre, il faut obtenir avant le départ une carte d'arrivée électronique e-Arrival.

QUAND PARTIR ?

De novembre à avril, c'est la saison sèche, caractérisée par l'absence de pluie, du beau soleil et une température agréable (de 25 à 30 °C).

GUIZHOU, UNE VIE DE DONG

Loin, très loin des tours de verre de Shanghai, à des années-lumière du smog pékinois, il existe des îlots de quiétude perchés dans la province oubliée du Guizhou. Les Dong y cultivent leur riz gluant et leurs traditions, pour le plus grand plaisir des rares visiteurs.

Le village de Dimen s'étire doucement dans le petit matin vernissé par la dernière averse. Le Guizhou est sans doute la province la plus déshéritée de Chine. Isolée du reste du monde par son relief mouvementé, la région, comme maintenue sous cloche, est restée à l'écart de la poussée de fièvre moderniste qui a saisi le reste du pays.

Ci-contre : Grand Canyon de Malinghe, ville de Xingyi.

UNE PROVINCE OUBLIÉE

Le Guizhou n'est peuplé qu'aux deux tiers par des Hans qui, en plusieurs vagues d'immigration, ont repoussé les minorités comme les Hmong ou Miao, Buyei, Tujia, Yi et autres Sui vers les terres ingrates des zones d'altitude. Dimen, fondé il y a plus de 500 ans, est un village Dong. L'isolement naturel de leur territoire a permis à la plupart des Dong de conserver leurs traditions. Chaque bourg est encore pourvu d'un « pont de la pluie et du vent », un pont-galerie tout en bois peint, surmonté de tourelles et de pavillons tarabiscotés, dont le rôle est moins d'enjamber la rivière que de célébrer et amadouer le génie supposé la hanter. Accrochés au-dessus des portes des maisons, de petits miroirs repoussent les esprits indésirables. Dans l'entrée, la récolte de riz pieusement stockée dans des sacs de toile côtoie paniers crevés et vieux filets. Ici, les télévisions n'ont pas encore l'écran plat. Les gens passent leurs soirées assis sur des tabourets qu'un nain de jardin serait en droit de refuser avant de s'allonger sur de maigres nattes étendues à même le parquet. Chacun semble s'accommoder volontiers de ce confort rustique largement arrosé d'alcool de riz.

CHINE ÉTERNELLE

— ◊ —

En remontant la vallée de Nong Bao au nord, on croise avec bonheur des paysans aux visages enluminés avec dans le dos un élégant panier en osier recourbé destiné à ranger la faucille. Les terrasses des rizières tracent leur géométrie aléatoire dans le velours jaune-vert des montagnes. Les gerbes de riz gluant sèchent sagement sur les claies des greniers. Sous la tour du Tambour de Xia Ge, des petits vieux réunis autour d'un feu de bois se laissent fumer comme des harengs tout en triturant les boutons dorés de leur costume Mao. Des bouches qui connaissent plus de trous que de dents tirent goulûment sur de longs tuyaux de pipe et relâchent de copieuses bouffées qui rendent l'air encore plus épais. Entre deux volutes, on aperçoit de longues cornes gainées de fer oscillant doucement dans la fumée. C'est un buffle de combat élevé dans un petit enclos sous la tour même et nourri à la main par son propriétaire : 50 kilos d'herbes offertes avec amour, poignée après poignée, ainsi qu'un bon litre d'alcool de riz pour faire couler le tout. Les jours de tournoi, ce ne seront pas moins de cinq litres qui redonneront tonus et vigueur au champion. Une vigueur qui anime toujours cette Chine éternelle qui, réfugiée dans ses montagnes du Sud-Est, se refuse à mourir.

DES PETITS VIEUX RÉUNIS AUTOUR D'UN FEU DE BOIS SE LAISSENT FUMER COMME DES HARENGS TOUT EN TRITURANT LES BOUTONS DORÉS DE LEUR COSTUME MAO.

PRATIQUE

ALLEZ-Y SI

Vous souhaitez vous racler la gorge à grand bruit sans souci d'être regardé de travers ; en grand romantique, vous aimeriez donner rendez-vous à votre amoureu(x)se sous un pont de la pluie et du vent.

ÉVITEZ SI

Vous avez envie de rafraîchir votre mandarin (au Guizhou, les dialectes locaux sont bien plus pratiqués) ; vous avez le cœur au bord des lèvres lorsque votre voisin se mouche dans ses doigts.

SITUATION

Enclavée au sud du pays, avec une topographie accidentée aux sommets variant entre 1 000 et 1 500 mètres d'altitude, le Guizhou est une province reculée, difficile d'accès, l'une des plus pauvres de Chine. Les deux groupes ethniques les plus importants, les Miao et les Dong, cohabitent dans les zones montagneuses, entretenant des traditions qui s'efforcent, parfois difficilement, de survivre.

COMMENT Y ALLER ?

A/R Paris–Canton-Guilin avec China Southern : 17 h 30 avec une escale.

QUAND PARTIR ?

Le Guizhou est une région au climat subtropical humide sans saison sèche. Il faut donc s'attendre à des pluies régulières tout au long de l'année. Les mois les moins pluvieux s'étalent entre octobre et avril.

Plus d'infos : www.otchine.com.

Ci-contre : paysan Dong cuisant du riz noir à la vapeur. / Champ vert en terrasse du village de Tang'an. / Relief en grappe du comté de Libo. / Vieux Chinois se reposant sur le seuil de sa maison en fumant la pipe dans le village de Zhaoxing.

INDE

Ô GANGE AMER !

En Inde, on pèlerine beaucoup. Si Shiva, Vishnu et Brahma font l'objet de toutes les dévotions, Maa Ganga, la déesse du fleuve sacré, est également à l'honneur de mai à octobre à l'occasion du pèlerinage de Char Dham. Voyage dans les confins himalayens aux sources de l'hindouisme, troisième religion du monde.

DE VIEUX SAGES, PLAID JETÉ SUR L'ÉPAULE, DÉPASSENT LES TOURISTES L'AIR DE RIEN.

Ci-contre : sadhu tenant sa théière à Varanasi Ghat. / Ci-dessus : coucher de soleil sur le Gange.

SUR LA ROUTE DES TEMPLES

— ◊ —

Le Gange ne porte véritablement son nom qu'à partir de Devaprayag à 1 h 30 de voiture à l'est d'Haridwar, lorsque la rivière Bhagirathi mélange ses jolis flots bleu-vert aux eaux chocolatées de l'Alaknanda. Au nord, c'est l'Himalaya qui vient chatouiller le ciel avec ses cimes éthérées. En remontant l'Alaknanda, on tombe sur la rivière Mandakini, destination privilégiée de milliers de pèlerins. Chaque année, d'avril à novembre, les dévots du sous-continent font le pèlerinage des « quatre demeures de l'Himalaya ». Ils rendent visite aux quatre temples honorant les sources spirituelles de quatre cours d'eau sacrés, tous affluents du Gange : le Yamuna à Yamunotri, l'Alaknanda à Badrinath, la Bhagirathi à Gangotri et enfin la Mandakini à Kedarnath. L'accès au temple de Kedarnath n'est pas des plus aisés. On ne peut venir s'y recueillir qu'après 6 à 7 h de marche le long d'une vallée. Le 16 juin 2013, suite à la rupture d'un lac d'altitude, le niveau de la Mandakini s'élève d'un coup de 25 m. Route, hôtels, dharamsalas et maisons sont emportés… ainsi que 5 ou 6 000 personnes, habitants et pèlerins. Au fond des gorges rugissantes, quelques carcasses de voitures finissent d'agoniser, emmitouflées sous un épais manteau de branchages. Tandis que 5 000 ouvriers népalais logés avec femme et enfants dans des campements de fortune s'activent dans une effervescence de ruche pour reconstruire la piste, les pèlerins ont confié leur destin aux bons soins de Vishnu pour les protéger d'une prochaine colère de la Mandakini. La plupart sont à pied, les plus impotents cramponnés à s'en faire blanchir les phalanges sur le dos d'un mulet. Tous remontent la vallée en longues et tortueuses processions dans un entêtant fumet de beedies à l'eucalyptus rehaussé d'une pointe de crottin frais. Et là-haut, dans l'air pur et dilaté où même les vautours ne se risquent qu'avec prudence, les richards de l'Inde bien émergée rallient le sanctuaire dans le bourdonnement des hélicoptères. De vieux sages, plaid jeté sur l'épaule, dépassent les touristes l'air de rien, le mollet aussi noueux que celui d'un poulet fermier, avant de jeter leur couverture sur un bout de rocher et de s'asseoir jambes croisées pour attendre la fin des temps ou se curer le nez. Des babas pas trop cools refusent de se faire tirer le portrait d'un méprisant revers de main tandis que d'autres, emportés par la ganja, chantent à tue-tête, les yeux fous, le visage tourné vers un ciel désespérément vide de dieux. « *Jai Bhole Ke !* » clament quelques excités. « *La victoire de Shiva !* » Shiva le destructeur, sans qui aucune création ne serait possible. Le temple de Kedarnath lui est justement dédié.

GLOIRE À SHIVA

– ◊ –

« *Oooooo Nama Shivaaaaaa...* » Tous les matins, dès 6 heures, une dizaine de haut-parleurs diffusent des chants à la gloire du dieu, refrains lancinants et entêtants dont le malheureux touriste ne parvient à se défaire de toute la semaine. Le bâtiment, érigé au VIIIe siècle, est dédié à la bosse que Shiva, sous la forme d'un taureau, laissa derrière lui lorsqu'il plongea dans le sol pour échapper aux Pandava. Bon, c'est une histoire un peu compliquée, mettons-la de côté. Shiva a le don de se mettre dans des situations impossibles. En tout cas, la statue de son taureau à l'entrée du temple fait l'objet d'une intense dévotion : on lui caresse le museau, on lui flatte la croupe, bref on lui prodigue tout un tas de petites attentions de façon à se mettre Shiva dans la poche. C'est plus prudent. Au pied de la statue, des molosses tibétains doux comme des agneaux récupèrent d'une nuit probablement agitée, tandis qu'un sadhu entouré de babas au regard de chat mort fait tourner des shiloms gorgés de haschich à l'ombre des tridents shivaïtes. Rana Giri Baba, 75 ans et trois bons kilos de cheveux, vient ici depuis 30 ans offrir ses bénédictions en échange de quelques roupies ou d'un peu d'herbe. Un bouquet de plumes de paon lui permet de chasser les mauvais esprits aussi sûrement que les mouches. Affranchi des servitudes de ce bas monde, il fraye avec le sacré, convole avec le divin, revêtu d'un simple pagne. De toute façon, à quoi bon des vêtements ? Il lui reste si peu de corps à mettre dedans. Sa force vitale a dû se réfugier dans sa chevelure, une tignasse de plus d'un mètre de long, à rendre jaloux un rasta sous perfusion de Pétrole Hahn. Quelques bouffées tirées sur sa drôle de pipette et Rana Giri Baba part d'un rire dont les éclats finissent par percuter la montagne. « *Quand l'ego est mort, la joie est là.* »

AUX SOURCES DU GANGE

– ◊ –

Si l'on veut assister à la naissance du Gange, il faut redescendre et emboucher la vallée voisine pour remonter la Bhagirathi jusqu'à Bhojbasa. Là, à 3 800 m d'altitude, un petit Dharamsala fréquenté par une jeunesse avide de fumette et de mystique indienne se tient recroquevillé dans un creux de terrain et sert de camp de base pour l'ultime raid en direction des sources. On y boit du masala chai en jouant aux cartes tandis qu'un didgeridoo débarqué d'Ayers Rock susurre d'envoûtantes vibrations. Ce matin, le temps s'est voilé de gris avec un air d'hiver. Les craves à bec jaune s'amusent des bourrasques et se faufilent entre les flocons de neige qui fusent à 45°. Des bharals au mufle givré poursuivent la tonte des pelouses, impassibles face aux caprices de la météo. Au bout d'1 h 30 de marche avec la capuche rabattue jusqu'aux yeux, un amphithéâtre de glace grise finit par se dresser au-dessus du lit de la rivière. C'est le glacier Gaumukh, à près de 4 000 m. C'est ici, dans ce décor dont l'austérité farouche aurait plu à Tolkien, que le Gange prend son élan pour rejoindre Calcutta et l'océan Indien, quelque 3 000 km plus loin. La rivière sourd à gros bouillons des murailles glacées, déjà fraîche et vigoureuse. La coutume veut que l'on s'immerge entièrement par trois fois dans une petite piscine naturelle abritée par une poignée de rochers. Quel dommage d'avoir oublié son maillot de bain !

PRATIQUE

ALLEZ-Y SI

Votre conscience est sale comme un peigne ; vous n'avez pas peur de vous faire mal au dos en découvrant de nouvelles postures de yoga (Rishikesh, sur le Gange, est la capitale de la discipline) ; vous voulez soigner votre dos par des massages ayurvédiques.

ÉVITEZ SI

Vous n'aimez pas l'eau froide ; vous n'aimez pas les bains de foule ; vous n'aimez pas non plus vous mettre en slip devant des inconnus ; décidément vous n'aimez rien, restez donc chez vous.

COMMENT Y ALLER ?

A/R Paris–New Delhi avec Air India et Air France : 9 h de vol.
Un visa est obligatoire : compter au moins 25 €, disponible en ligne.

QUAND PARTIR ?

Le pèlerinage des quatre temples, le Char Dham, a lieu à la belle saison, de mai à octobre. C'est un pèlerinage qui revisite les sanctuaires les plus sacrés de l'Himalaya indien, chacun étant lié à un des bras du Gange : Yamunotri sur la Yamuna, Gangotri sur la Bhagirathi, Kedarnath sur la Mandakini et Badrinath sur l'Alaknanda.

Plus d'infos : www.incredibleindia.gov.in.

Ci-contre : rives du Gange, Varanasi. / Pics de Gangotri.

PARC DE KOMODO, CROISIÈRE AU PAYS DES DRAGONS

En plein milieu de l'Indonésie, les îles de Komodo, Rinca et Padar ont été déclarées parc national en 1980 et l'une des sept merveilles naturelles du monde. Une goélette papillonne le long de ces rives hantées par des lézards de sinistre réputation.

La goélette fait route le long d'une côte tarabiscotée, morne houle de collines rognées jusqu'à l'os, de terres ingrates et sauvages. Ces îles, apparemment oubliées des dieux et des hommes – Komodo et sa voisine Rinca ne comptent que 3 500 habitants – font germer un curieux sentiment de déréliction chez ceux qui les contemplent. Mais on aurait tort de passer son chemin.

Ci-contre : île de Gili Lawadarat.

TERRE EN VUE

Captain Musalim, kretek au bec (la fameuse cigarette indonésienne parfumée au clou de girofle) et l'œil vissé sur un horizon encombré d'îlots jaunis et de hauts-fonds turquoise, barre le *Tidak apa apa* tout au long de ce butinage côtier. Cet ancien rasta, qui a décroché son brevet de pilote en 1993, préfère se faire appeler Marco, en référence à son idole footballistique Marco van Basten. Depuis, il a fondé une famille, tondu ses dreadlocks et perdu une dent de devant. Les courants ne l'impressionnent guère, les tempêtes hivernales pas davantage, seule l'évocation d'une panne moteur semble lui faire perdre de sa superbe. À l'entrée de la baie de Loh Liang, il pointe ses jumelles sur un croissant de sable doré à point par le soleil de fin d'après-midi. « *Tiens regardez là-bas ! Des cerfs…* » En fait, plutôt des biches, qui d'un trot allègre, baguenaudent sur la plage en compagnie de leurs faons. On a beau ne souhaiter aucun mal à ces charmantes petites bêtes, l'envie nous prend d'assister au spectacle d'un varan intrépide surgissant des fourrés et se précipitant tous crocs dehors sur Bambi. Hélas, sans doute repus, nos dragons préfèrent pour l'heure rester embusqués sous le maigre couvert des savanes déplumées.

Y A UN LÉZARD

— ◊ —

Impossible d'évoquer Komodo sans s'attarder sur son héros local, qui depuis un siècle tout juste a fait beaucoup pour la renommée et le marketing de l'archipel. Le monde occidental ne fait la connaissance de *Varanus komodoensis* qu'en 1911, quand une expédition hollandaise en tue deux spécimens et en rapporte les peaux à Java. Notre héros, qui se targue d'être le plus gros lézard carnivore du monde, avoue un faible pour les cervidés, les cochons sauvages, voire les buffles en cas de grosse fringale. Une bonne morsure et il n'y a plus qu'à attendre que la soixantaine de bactéries contenues dans la salive fasse le travail. On a vu ainsi des varans patienter deux semaines avant que le buffle ne succombe de septicémie. Ces sauriens audacieux font quelques entorses à leur régime alimentaire et s'autorisent à croquer un bonhomme de temps en temps. L'un des premiers Occidentaux à en faire les frais fut un Suisse, le baron Rudolf von Reding Biberegg qui en 1974 se blessa au genou lors d'une randonnée et se retrouva seul pendant que le guide cherchait des secours. On ne retrouva du malheureux qu'un appareil photo et une chaussure. Après s'être tenu tranquille pendant une trentaine d'années, le varan a fait deux morts depuis 2007, et en 2009 il a attaqué dans son bureau un ranger qui a cependant survécu à ses blessures. Nous débarquons au camp de Loh Buaya sur l'île de Rinca, bien décidés à en découdre avec ce lézard diabolique. Un guide du parc, armé d'un long bâton fourchu, exige des visiteurs une distance minimale de 5 m avec les varans. Malgré leurs petites pattes ridicules, ce sont des sprinters redoutables. Ardys, étudiant en tourisme à Florès, a été recruté pour les vacances d'été. Espérons qu'il manie le bâton un peu mieux que l'anglais. La traque commence sur des chemins de poussière dans la sécheresse d'un bush piqueté de kapokiers et de palmiers rôniers. Des branches craquent. Froissements de feuilles. Ce n'est qu'un couple de mégapodes, de drôles de pintades aux pattes orange. Plus loin, c'est un cochon sauvage qui nous refait la même farce. Au bout d'une heure, la sueur coule à pleins seaux des visages et emporte avec elle l'enthousiasme des plus optimistes. Mais voilà qu'Ardys lève soudain la main avec l'autorité d'un chef de peloton. Les voici enfin, cinq bestiaux vautrés sur les berges nues et ensoleillées d'un ruisseau, aussi vindicatifs qu'une famille d'estivants digérant son pique-nique sur la plage. On serait presque tenté d'aller lézarder à leurs côtés. Des buffles prennent non loin un bain de boue. À en juger par les regards soupçonneux qu'ils décochent à leurs compagnons de spa, il semblerait que cela ne soit pas une très bonne idée...

Ci-dessous : combat de dragons de Komodo. / Ci-contre : poisson-clown. / Île Padar. / Coraux mous luxuriants. / Cerfs indonésiens sur l'île.

AU BOUT D'UNE HEURE, LA SUEUR COULE À PLEINS SEAUX DES VISAGES ET EMPORTE AVEC ELLE L'ENTHOUSIASME DES PLUS OPTIMISTES.

PRATIQUE

ALLEZ-Y SI

Il y a longtemps que vous n'avez pas admiré des récifs en bonne santé ; vous appréciez la compagnie de gros reptiles à langue bifide et à salive putride ; vous aimez les terres ingrates et les mers prodigues.

ÉVITEZ SI

La croisière est synonyme pour vous de piscine et thé dansant ; le moindre lézard vous donne la colique ; vous croyez que toute l'Indonésie ressemble à Bali.

SITUATION

Komodo fait partie des petites îles de la Sonde, qui s'étirent de Bali jusqu'à la Nouvelle-Guinée. L'ensemble de l'archipel (1 817 km²) a été placé sous la protection d'un Parc national en 1980, où 4 000 personnes environ se répartissent dans 4 villages (Komodo, Rinca, Kerora et Papagaran). Outre le fameux varan, on y trouve des populations de cerfs de Timor, de cochons sauvages, de buffles d'eau, de macaques à longue queue et de civettes. Pour voir les varans : il faut débarquer à Loh Buayo sur Rinca ou Loh Liang sur Komodo. Quand vous vous serez acquitté des droits d'entrée, un guide armé d'un long bâton fourchu vous proposera au choix une balade d'1 h 30 ou de 3 h afin d'observer les dragons dans la nature. www.komodonationalpark.org.

COMMENT Y ALLER ?

A/R Paris–Bali avec 1 ou 2 escales selon la compagnie (Qatar Airways, Turkish Airlines, Air France, Emirates) : environ 20 h. De Bali, prendre une compagnie locale (Aviastar, Wingair, Merpati) pour se rendre ensuite sur Labuan Bajo (Florès) : 1 h 15 de vol.
Un visa est obligatoire: les Français peuvent l'obtenir à l'arrivée, à l'aéroport de Bali ou Jakarta.

Plus d'infos : https://indonesie-tourisme.fr.

Ci-contre : île de Pulau Padar.

JAPON

LES CHEMINS SACRÉS DU KUMANO KODO

Au sud de Kyoto, dans la péninsule de Kii, depuis un millénaire, les Japonais de toutes conditions font le pèlerinage de Kumano Kodo pour se laver de leurs péchés. Aujourd'hui, les trekkeurs étrangers les rejoignent, pour une expérience spirituelle autant que physique, dans l'ombre bleutée des cryptomères.

SUIVEZ OU PAS LE GUIDE

— ◊ —

Depuis le XIe siècle, les empereurs accompagnés de leur cour sont venus traîner leurs socques sur ce réseau de sentiers, parfois au rythme effréné de 400 pèlerinages en un siècle ! Mais loin d'être élitiste, le Kumano Kodo a toujours été ouvert à toutes les classes sociales, du mikado au croquant, sans condition de sexe ou de religion. L'important est de rallier les trois sanctuaires principaux, Hongu, Nachi et Hayatama, afin de s'assurer paix, félicité et absolution de tout péché. Pour renouer avec ce Japon médiéval et s'immerger dans le flot d'une nature régénérante, l'idéal est d'emprunter la route de Nakahechi, l'itinéraire impérial reliant les deux côtes, de part et d'autre de la péninsule de Kii. À Takijiri-Oji, point de départ de cette odyssée hors des tourments de la vie ordinaire, le guide Tsujiuchi Hideji fait déjà les cent pas dans ses *jikatabi*, élégantes sandales blanches fendues au gros orteil pour mieux agripper le sol. On le reconnaît de loin : chasuble blanche, culotte bouffante topaze prolongée par des bandes molletières, deux cordes enroulées autour de la taille, chapeau conique en bambou orné de calligraphies et petite peau de daim couvrant les fesses, histoire de les garder au sec lorsqu'il les pose dans l'herbe humide. M. Shu, comme il aime se faire appeler, est un yamabushi de 68 ans, adepte d'une tradition ancestrale, le *shugendo*. Cette religion des montagnes à la croisée du bouddhisme ésotérique et de l'animisme prône un ascétisme d'airain au cœur de la nature pour parvenir à l'illumination. Même si aujourd'hui, ils occupent des métiers classiques et font partie intégrante de la société – M. Shu était prof d'anglais –, les yamabushis n'en demeurent pas moins des ermites un poil mystiques fricotant parfois avec l'occulte. Ce sont aussi de sacrés gaillards d'une résistance de chien de traîneau.

Ci-contre : sanctuaire de Kumano Nachi Taisha. / Ci-dessus : temple Seiganto-ji, près des chutes de Nachi, à Wakayama.

LES ESPRITS DU CHEMIN

— ◊ —

Le Kumano Kodo est le seul chemin de pèlerinage – avec Compostelle – à être inscrit sur la liste du patrimoine mondial de l'UNESCO. Et comme à Compostelle, le pèlerin s'applique à tamponner son carnet tout au long du chemin. Ici, les tampons sont à disposition dans de petites niches en bois à l'entrée des ojis, ces petits sanctuaires secondaires qui protègent le pèlerin et lui servent à la fois de lieu de prière et de repos. Il y en a exactement 99. L'automne enduit d'une lumière crémeuse les frondaisons des chênes et des châtaigniers. Leurs racines prennent leurs aises sur le sentier et s'entêtent à faire des croche-pieds aux braves pèlerins. Les étapes s'enchaînent, souvent pentues, toujours sous le couvert amical des arbres. Avec l'altitude, les montagnes se sont couvertes de cryptomères, ces grands cèdres japonais au port si élégant qu'on pourrait les prendre pour des séquoias géants.

UN DERNIER EFFORT

— ◊ —

En dépit des embûches, le pèlerin finit généralement par atteindre Hongu Taisha, le plus important des trois sanctuaires de Kumano, fief d'Amaterasu, déesse du soleil, grande patronne du panthéon shinto et par ailleurs fondatrice mythique de la lignée impériale. Contrairement aux temples bouddhiques, ici nulle profusion de bannières brodées et de lanternes de bronze, nulle débauche de dragons aux dents longues ou de monstres grimaçants, aucune représentation humaine ou animale. Parmi les brûle-parfums et les vases, rien qu'épure et sobriété, comme ces petits miroirs, ronds en acier poli, symboles de la vérité. Restent encore deux jours et deux cols pour rallier Nachi Taisha, le second grand sanctuaire du Kumano. M. Shu, toujours plus léger que la cendre, avale les dénivelés avec une vivacité de bienheureux en aller simple pour le nirvana. De temps en temps, on le retrouve chantant à pleins poumons devant une pierre dressée ou en train d'agiter son bâton de prière pour accompagner une psalmodie de mantras. Parfois, il s'accorde une pause, allongé sur un « lit de méditation » – ce sont ses propres termes –, une civière faite de trois rondins vermoulus qui semble plus adaptée au numéro de fakir qu'à la sieste. Décidément, le Shugendo conserve son homme. Bercés par des histoires de princesses au teint de fleur de pêcher et aux sourcils en feuilles de saule, on parvient à Hayatama Taisha, le troisième sanctuaire, dernière étape pour effacer les fautes du passé et décrasser sa conscience. Encore faut-il escalader les 538 marches d'un interminable escalier louvoyant entre des troncs de cryptomères gros comme des piliers de cathédrale. On s'épargne tout de même bien de la fatigue à rester athée.

LE SECOURS DES JIZÔS

Ils sont dans les cimetières ou en bordure des chemins. Ces petites statuettes, le plus souvent coiffées d'un bonnet rouge (il ne faut pas y voir un hommage au Commandant Cousteau), affublées d'un bavoir autour du cou, sont la représentation du bodhisattva Ksitigarbha, plus couramment dénommé Jizô Bosatsu au Japon. Un bodhisattva est un être saint qui a atteint l'éveil, mais qui par pure compassion pour les malheureux encore embringués dans le cycle des renaissances, retarde son entrée au nirvana. Les jizôs sont les anges gardiens des voyageurs et des pèlerins, mais aussi des enfants mort-nés, victimes de fausse-couche ou morts en bas âge. Leur décès prématuré les condamne, faute de bonnes actions, à errer dans les limbes où ils doivent bâtir des piles de pierres pour leurs parents en pénitence du chagrin qu'ils leur ont fait. Ainsi il n'est pas rare de trouver des petits cairns à proximité des statuettes.

Ci-contre : cimetière bouddhiste de Koyasan. / Ci-dessus : chemin de pierre dans une forêt de pins. / Sanctuaire de Kumano Hongu Taisha. / Jardin zen du Kongobu-ji. / Le rocher du Lion.

PRATIQUE

ALLEZ-Y SI

Même si vous ne croyez ni à Dieu ni à Diable ; votre conscience est sale comme un peigne (grâce au pèlerinage vous pourrez remettre le compteur à zéro) ; vous voulez converser avec les kamis de la forêt.

ÉVITEZ SI

En bon monothéiste, l'idée de trouver des esprits sous chaque pierre et dans les remous de chaque ruisseau vous est insupportable ; votre pudeur judéo-chrétienne vous interdit de vous mettre nu devant des inconnus (le onsen, ou bain en commun, est le rite le plus immuable des auberges japonaises).

COMMENT Y ALLER ?

A/R Paris–Tokyo-Haneda avec All Nippon Airways, la Japan Airlines ou Air France : 13 h 30 de vol.

QUAND PARTIR ?

Les meilleures périodes sont le printemps de mars à mai (les cerisiers sont en fleur en avril) et l'automne d'octobre à novembre (les feuilles des érables rougissent dès la mi-octobre). L'été, de la mi-juin à la mi-septembre, est très pluvieux.

Plus d'infos : L'office de tourisme de la province de Wakayama, https://en.visitwakayama.jp/.

Ci-contre : Hyakken-gura dans le Kumano Kodo. / Akitsu à l'aube sur le Kumano Kodo.

NÉPAL

MANASLU, Y ES-TU ?

Alors que le Tour des Annapurna est le trek le plus fréquenté du Népal, le Tour du Manaslu, un des massifs les plus mythiques et sauvages de l'Himalaya, reste peu connu des foules. On y va pour son atmosphère de haute montagne, avec des vues imprenables sur ce géant de plus de 8 000 m.

Peu de circuits peuvent se vanter de traverser une telle variété d'écosystèmes : le sentier prend son élan dans le vert tendre des terrasses de blé bordées d'hibiscus et de frangipaniers, poursuit dans l'odeur de résine des forêts de pins, file à travers une succession de paysages glacés jusqu'à un col à 5 000 m, avant de dégringoler à travers sapins et rhododendrons jusqu'à la touffeur des rizières en fond de vallée. Les dernières pétarades de jeep Tata résonnent jusqu'au village de Halvadamda. C'est là que la piste s'arrête pour le moment, même s'il est prévu de la poursuivre jusqu'à Pilhim, à une trentaine de kilomètres. Au-delà, on n'entend plus guère que les vocalises de corbeaux insolents et le grondement bonhomme de la vallée Budhi Gandaki. Mieux vaut s'attirer ses bonnes grâces, puisque cette rivière bleu cobalt va nous accompagner pratiquement jusqu'au Larkya La, le grand col à 5 000 m, point d'orgue du parcours.

À LA MERCI DU CIEL

— ◊ —

À Jagat (1 370 m), la Budhi Gandaki commence à prendre ses aises. De chaque côté du chemin, s'étalent de copieuses étendues de cannabis, végétal excentrique à la réputation sulfureuse, qui jugeant la région à son goût, a décidé d'y pousser comme du chiendent. Les graines sont consommées telles quelles pour faciliter la digestion, parfois écrasées avec du piment et des feuilles de menthe pour aromatiser le riz. Quant aux fleurs, il semblerait que certains villageois leur aient finalement trouvé un usage… À l'approche de notre petite colonne, poulets hagards et chiens apathiques s'éparpillent dans les ruelles poissées de boue comme s'ils venaient de croiser le yéti. Le ciel se brouille et les nouvelles ne sont pas bonnes. Hier encore nous avions bien trouvé curieux ces quelques trekkeurs croisés en sens inverse qui nous souhaitaient entre deux « *good luck* » d'avoir bien du plaisir là-haut. Et voici maintenant un autre groupe qui s'avance à notre encontre, la mine défaite et le godillot en berne. Ils viennent de patienter une semaine à 3 500 m, en vain : il y a trop de neige. Impossible de franchir le col ! Le grand Tour du Manaslu va-t-il se transformer en piteux demi-tour ? Les plus optimistes parient sur une fonte de la neige d'ici notre passage. En attendant, le ciel ce matin ressemble à une éponge grise prête à s'essorer au-dessus des têtes. Le sentier, cet éternel inconstant, ne cesse de monter, descendre, s'envole en escaliers vertigineux, avant de changer d'avis et de rejoindre la rivière par un raidillon creusé par des milliers de sabots.

Ci-contre : tambour de prière dans un monastère au-dessus du village de Prok. / Ci-dessus : camp d'altitude sur le pic Manaslu.

QUAND LA MÉTÉO S'EN MÊLE

— ◊ —

Ce n'est qu'un peu avant le village de Lho (3 100 m), au sortir d'une forêt de houx aux branches emmitouflées d'un soyeux fourreau de fougères, que la huitième plus haute montagne du monde pointe son museau blanc. Plus exactement ses deux cornes enneigées qui, pour l'heure, tâchent de faire front face à un vent furibard. Un formidable panache de neige soulevée lui donne l'allure d'un volcan fomentant un mauvais coup. Il ne doit pas faire bon pique-niquer là-haut. Il fallut attendre 1956 pour qu'une expédition japonaise parvienne au sommet. En attendant, le ciel vire à l'azur pour notre plus grand bonheur ainsi que celui des vautours, qui profitent ainsi des ascendances. L'espoir de passer le col renaît timidement. La tension se détend d'un coup le lendemain sur le chemin de Samdo lorsque nous croisons une équipe de Dharamsala, dernier lodge avant le Larkya La : la neige a fondu, le col semble praticable et un coup de fil devrait permettre de faire rouvrir le lodge derrière le col. On en danserait de joie si l'on n'était aussi rouillé par le froid. Sans ce retournement de météo, l'affaire était cuite. Il s'en est fallu d'un poil de yak.

EN FRANCHISSANT LE COL

— ◊ —

Au campement de Dharamsala, chacun semble se préparer pour le grand saut du lendemain. Entre romans, tisanes et potages, l'ambiance de la pièce commune est digne d'une maison de retraite en fin d'après-midi. Chez les porteurs règne en revanche une hilarité de salle de garde et les cartes à jouer s'abattent avec fracas sur les tables en bois dans de grands éclats de rire. À 19 heures, après la traditionnelle et reconstituante galimafrée de pâtes, il ne reste plus qu'à rejoindre sa cellule froide et tâcher de s'oublier dans le sommeil. La nuit sera courte… Vers 4 heures du matin, quelques tambourinements sur les portes métalliques des chambres font sortir le camp de sa torpeur animale. Un tire-bouchon aurait été le bienvenu pour s'extraire du duvet. Les visages terreux se réunissent autour d'un petit-déjeuner maussade à l'image de ces mornes *tibetan breads* dégoulinants de friture. Certains d'entre nous ont l'air aussi concentrés que pour une finale olympique. Le cortège s'élance enfin à 5 h 45. Le ballet sautillant des lampes frontales n'aura pas duré longtemps. L'encre qui baignait la montagne finit de se vider et laisse derrière elle des reliefs irradiés d'un bleu luminescent. Déjà le Larkya Peak s'empourpre aux premiers rayons du soleil. Les semelles font craquer la neige gelée comme une vieille meringue et les guides sortent bientôt les piolets pour creuser des marches sur une forte pente en dévers. Le passage d'un col est une épreuve particulièrement injuste : promenade de santé pour les uns, chemin de croix pour les autres. L'accumulation de fatigue, le transit intestinal, l'altitude, le cours du CAC 40… qu'importe, le corps pour des raisons mystérieuses décide de vous faire défaut justement ce jour-là. Après un interminable faux plat, plus de 5 heures après le départ, une ribambelle de drapeaux à prière célèbre notre arrivée au Larkya La en faisant claquer gaiement leurs lambeaux. Quel que soit le degré d'agonie enduré, tout le monde est bien content d'être là. Nicolas Bouvier avait bien raison quand il remarquait que « *lorsqu'on passe un col, que ce soit le Jura, les Alpes, l'Hindou Kouch ou les Monts Célestes, le sentiment qui domine, c'est la reconnaissance* ». Un altimètre annonce 5 059 m, ce qui semble un bon compromis face à l'éventail d'altitudes plus ou moins fantaisistes données par les cartes. Au loin, la ligne des Annapurnas froisse l'horizon en facettes blanches et bleues. D'ici, il ne reste plus qu'une journée et demie de marche pour retrouver la vallée de la Marsyangdi, sous le couvert de forêts de sapins tout barbichus de lichens, de rhododendrons fleuris de rouge et de rose, avec parfois au milieu de cette taïga qu'on s'attendrait plutôt à voir pousser du côté du lac Athabasca, un dzo (animal hybride entre le yak et la vache) grignotant des bambous avec l'appétit d'un panda.

Ci-contre : ânes traversant un pont suspendu en métal. / Monastère bouddhiste et mont Manaslu. / Village népalais traditionnel dans les hautes montagnes de l'Himalaya. / Le pic de Larkya La, à 5 106 mètres au-dessus du niveau de la mer.

LARKE PASS(5106M)
5160 M
THANK YOU FOR MANASLU VISIT
SEE YOU AGAIN

PRATIQUE

ALLEZ-Y SI
Vous rêvez de l'Himalaya mythique des cimes agressives ; vous êtes fatigué de Méribel et avez envie d'une grande bouffée de sauvage qui met du baume au cœur et du rouge aux joues.

ÉVITEZ SI
Vous tenez vraiment à user vos semelles sur les vestiges d'un Tour des Annapurnas moribond qui n'est plus que l'ombre de lui-même ; vous souffrez déjà du mal des montagnes dans le Massif central.

SITUATION
Avec 8 163 m, le Manaslu est la huitième plus haute montagne du monde, blottie dans le massif de Gurkha, à l'est du massif des Annapurnas. On en fait le tour complet grâce à un itinéraire passant par la vallée de la Budhi Gandaki qui conduit à un haut col, le Larkya La, à un peu plus de 5 000 m, avant de redescendre par la Dudh Khola et la vallée de la Marsyangdi. Ouvert seulement aux trekkeurs en 1991, le parcours offre une large palette de paysages grandioses et d'ethnies montagnardes, comme les Samapa.

COMMENT Y ALLER ?
A/R Paris–Katmandou avec Air India, Etihad Airways ou Emirates : 14 h avec escale. Un visa est obligatoire pour tout ressortissant de l'UE, mais il est possible de l'obtenir à l'arrivée à l'aéroport de Katmandou à partir de 47 €.

QUAND PARTIR ?
La meilleure période court de mi-mars à mi-mai, puis de septembre à octobre. Au printemps, les rhododendrons sont en fleur et le ciel est souvent dégagé le matin, même s'il se couvre souvent en cours d'après-midi. L'automne est une période très favorable, avec du soleil et une belle lumière. Le Larkya La est généralement bloqué par la neige de mi-novembre à mi-mars.

Plus d'infos : https://ntb.gov.np.

Ci-contre : montagnes himalayennes et lac lors d'une nuit étoilée.

PHILIPPINES

CORON, L'ÎLE ENCHANTÉE

À seulement une heure de vol de Manille en direction du sud, l'archipel des Calamianes vit encore des jours tranquilles à l'écart des foules. Ce n'est pas pour déplaire aux Tagbanuas, qui veillent jalousement sur un joyau : l'île Coron.

Au sommet du mont Tapyas, une grande croix blanche est plantée. Elle veille sur la ville de Coron étendue à ses pieds, quelque 200 m plus bas, au bord de la mer. Il a bien sûr fallu qu'on monte là-haut à l'heure du coucher de soleil pour contempler le panorama. Il ne s'agissait après tout que du mont Tapyas, un parfait inconnu qui présentait tous les dehors de la bonhomie, avec son nom écrit en grandes lettres blanches façon Hollywood en contrebas de la croix. Ce mont tenant plus du monticule que de la montagne, on en ferait qu'une bouchée. C'était sans compter sur le traquenard tendu par des centaines de marches vicieuses avec la complicité d'une température accablante. Edmund Hillary vainquant l'Everest n'était pas plus heureux que nous posant le pied sur la petite esplanade aménagée au terme de l'interminable escalier. Il était temps, déjà le ciel virait au mauve et les îles dans la baie grignotée par la pénombre se transformaient en ombres chinoises. On distinguait d'est en ouest les îles Coron, Uson, Apo, Sangat, Culion, et d'autres encore escortées par une flottille d'îlots. Avec l'île Busuanga, où se trouvait notre poste d'observateur, elles forment l'archipel des Calamianes, juste au nord de la grande île de Palawan dont la renommée n'est plus à faire, un archipel encore peu connu, mais qui ce soir-là, sous le ciel où montaient des étoiles, promettait des merveilles.

Ci-contre : Twin Lagoon. / Ci-dessus : lagon de Sugba.

TAMBALANG ET BANKAS

— ◊ —

Uson est l'île la plus proche de Coron, la capitale de Busuanga. À bord d'un *banka*, l'embarcation traditionnelle équipée d'un double balancier en bambou, c'est l'affaire de vingt minutes et l'assurance d'être éclaboussé en cas de clapot s'il s'agit d'un petit modèle de 2 à 3 m. Mais qu'importe la macération des fesses pourvu qu'on ait l'ivresse de la vitesse en filant au ras de l'eau. Courte escale sur une grève avant d'accoster au ponton du village de Lajala. À la lisière de la forêt, une pauvre cahute se cramponne à ses pilotis plantés dans le sable. Six enfants dépenaillés en sortent pour chahuter. Leur père s'appelle Lando Ragahom, il gagne sa vie en cultivant des algues (*tambalang*) destinées aux industries alimentaire et pharmaceutique. Il ancre au fond de l'eau des cordes, les maintient à une certaine profondeur grâce à des flotteurs et y fixe des embryons d'algues. Ne reste plus qu'à les laisser pousser. En attendant de moissonner, il part cueillir les nids d'hirondelle dont raffolent les Chinois dans leurs soupes ou bien s'en va pêcher le thon, le merlin ou le mérou, même si, déplore-t-il, « *ce n'est plus comme avant. La pêche illégale à la dynamite a tué beaucoup de poissons. On n'attrape plus grand-chose* ». Lando est un Tagbanua. Ils sont comme lui plusieurs indigènes à vivre à Uson, où ils se mêlent à d'autres Philippins venus s'installer. Milicio Diabordo construit des *bankas* depuis une trentaine d'années. Son atelier, le plus vieux de l'île, est contigu à sa maison dans la mangrove. Avec l'aide d'une personne, il lui faut une semaine pour achever un bateau de 6 m en bois. S'il utilise de la fibre de verre, trois jours suffisent. Il a commencé à se servir de ce matériau à partir de 2013 quand il a fallu au plus vite reconstruire la flotte de bateaux détruite par le terrible cyclone Yolanda. Soumis à des conditions météorologiques normales, un *banka* de chez Milicio navigue entre 15 et 20 ans. Largement suffisant pour faire plusieurs fois le tour de l'archipel en passant par l'île Coron.

Ô CORON !

— ◊ —

Là voici, elle se dresse au-dessus d'eaux turquoise parfaitement irréelles, l'imposante forteresse aux remparts de roches grises où des arbres insensibles au vertige ont pris racine dans des plis. La voici. Qui ? Coron, l'île des Tagbanuas. Eux seuls y vivent et ils l'administrent comme bon leur semble. Résidant à l'abri des regards dans la partie orientale de l'île qu'ils ont pris soin d'interdire aux touristes – espèce plus redoutable qu'un poisson-pierre –, ils contrôlent les visites sur la partie orientale en prélevant des taxes sur chaque passage et en délimitant strictement les périmètres d'usage. Ainsi, on ne peut accéder qu'à deux lagons. Quant aux lacs, car il y a une dizaine de lacs sacrés sur cette île toute en pointes, seulement deux sont accessibles : Barracuda et Kayangan. Il faut pour les rejoindre un peu crapahuter. Escaliers et rambardes en bois facilitent l'épreuve. À vrai dire, on doute encore que des lacs puissent se dissimuler dans cet enchevêtrement de roches aussi acérées que des dagues, quand tout à coup, comme si on venait de pousser une porte au bout d'un passage secret, on les surprend figés dans leur pose immémoriale entre de colossales falaises. Et le bleu insensé de leur eau déclenche aussitôt un irrépressible désir d'y plonger, d'y plonger pour se purifier. Que les dieux et les Tagbanuas veillent encore longtemps sur l'île Coron !

CORON,
L'ÎLE DES TAGBANUAS.
EUX SEULS Y VIVENT
ET L'ADMINISTRENT
COMME BON
LEUR SEMBLE.

PRATIQUE

ALLEZ-Y SI

Vous rêvez de plages abandonnées ; l'azur phosphorescent enchante votre sommeil.

ÉVITEZ SI

Le bleu turquoise vous fait mal aux yeux ; les îles mystérieuses vous laissent de marbre ; pour nager, vous préférez une piscine.

COMMENT Y ALLER ?

A/R Paris–Manille via Hong Kong : 15 h 30 avec Cathay Pacific.
A/R Manille–Coron (Busuanga) : 1 h 15 avec Cebgo ou Philippine Airlines.
Toute personne arrivant aux Philippines doit remplir une « eTravel Card ». Il est recommandé de remplir le formulaire 72 heures avant le départ vers les Philippines afin d'éviter tout désagrément à l'arrivée. La présentation du QR code généré par cette application est exigée à l'embarquement par les compagnies aériennes et à l'arrivée sur le territoire philippin.

QUAND PARTIR ?

La saison sèche se situe de décembre à mai, mais la période idéale est de décembre à février. Éviter la saison des pluies, de juin à novembre.

Plus d'infos :
Office du tourisme des Philippines : www.tourism.gov.ph.

Ci-contre : lac de Kayangan. / Île noire de Busuanga. / Bateaux traditionnels des Philippines.

SRI LANKA

L'ÎLE DE BEAUTÉ

Sri Lanka, l'île « Resplendissante » que les brochures comparent à une émeraude suspendue au cou du sous-continent indien... On est allé examiner de plus près le précieux caillou, et on peut officiellement confirmer que ce n'est pas du toc. Petit tour non sans surprises du bijou.

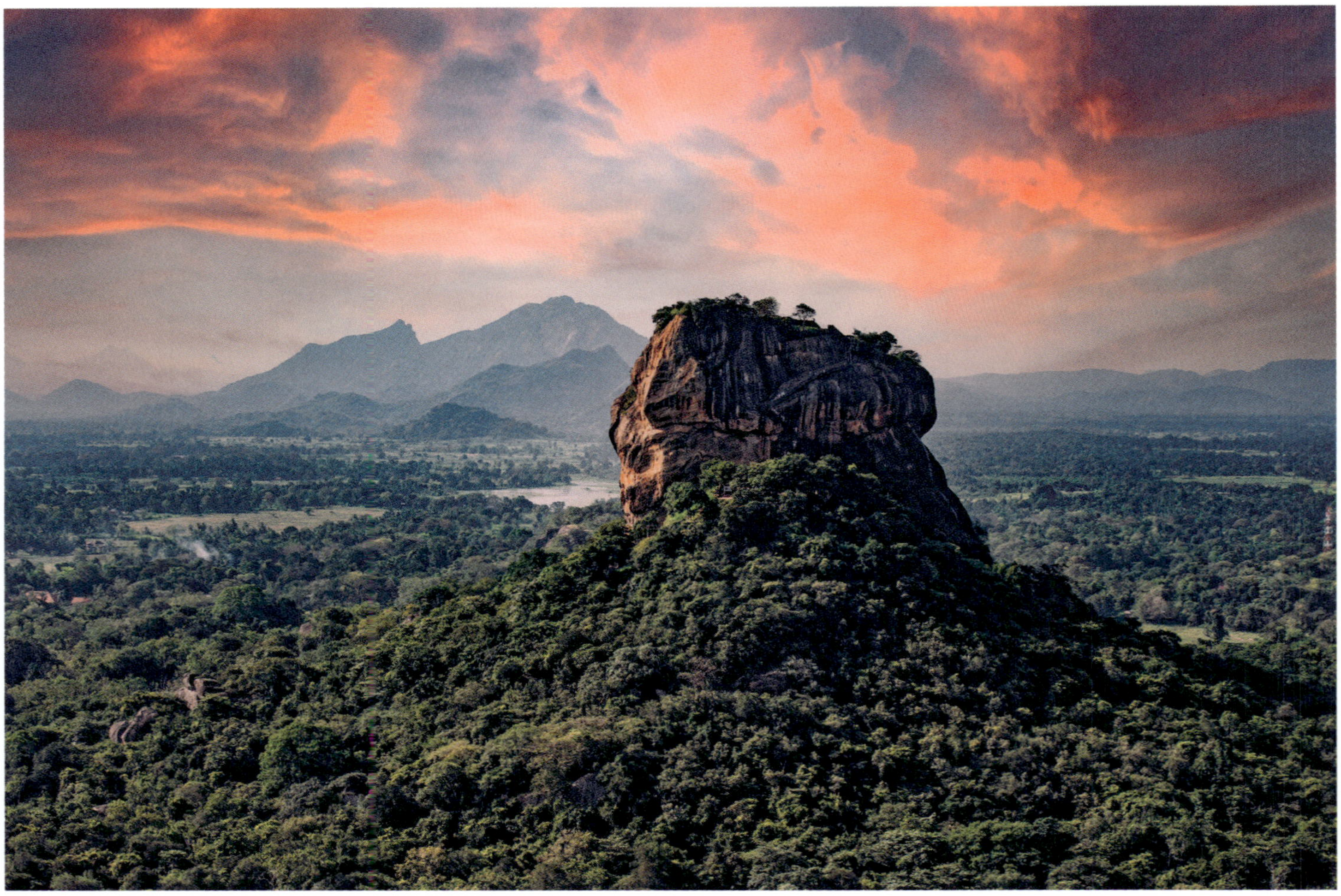

Dernières lueurs du jour. L'horizon se marbrait progressivement de jaune, d'orange et de violet. Des nuages, comme charmés par les notes d'une flûte divine, dressaient dans le ciel enflammé leurs panaches cotonneux en arrière-plan du rocher du Lion, aussi connu sous le nom de Sigiriya, lui préparaient comme un mol édredon pour la nuit à venir. Cette scène envoûtante, je la contemplais depuis le rocher de Pidurangala, autre monolithe surgissant au-dessus de la plaine recouverte d'une jungle éparse. Vue imprenable donc sur l'un des sites les plus spectaculaires du Sri Lanka, un piton haut de 180 m, né du magma d'un volcan, et au sommet duquel au ve siècle, le roi Kassapa décida d'édifier une citadelle, en toute simplicité. Pour parachever l'instant miraculeux, une brise s'était levée, soyeuse, parfumée, rafraîchissante. Devant pareil assaut de caresses, la répugnante chaleur battait enfin en retraite. Vu les circonstances extraordinaires, on avait presque envie de déclamer du Lamartine, parfaitement, du Lamartine : « *Ô temps suspend ton vol et vous, heures propices, suspendez votre cours ! Laissez-nous savourer les rapides délices des plus beaux de nos jours !* »

LA LEÇON DES MACAQUES

— ◊ —

Même sentiment de béatitude dans les grottes de Dambulla situées à proximité. Pour être précis, il s'agit de cinq grottes creusées à flanc de falaise qui abritent dans leurs sombres entrailles pas moins de 150 bouddhas en position assise, debout ou couchée, tous très dignes et ne semblant pas souffrir de la promiscuité. La force de l'esprit sans doute. Indifférents à la marche du monde, des macaques à toque glandaient aux abords du site, les uns s'épouillant, les autres se grattant, quelques-uns se livrant même à des coïts très furtifs, avant de revenir à leur routine comme si de rien n'était, l'air dégagé et se passant la main dans les « cheveux », car c'est un trait physique propre à ces gais lurons, leur crâne est affublé d'une touffe de longs poils qu'ils peuvent coiffer selon leur plaisir avec la raie sur le côté ou au milieu. Fascinants singes qui vivent dans l'immédiateté et dans l'ici et maintenant, atteignant ainsi sans effort le but que tant de bouddhistes ne feront qu'effleurer après moult séances de méditation. Ciao, les macaques, et merci pour la démonstration.

Ci-contre : rocher du Lion entouré d'une végétation riche et verdoyante. / Ci-dessus : temple datant du Ier siècle avant J.-C. à Dambulla.

LA FOLIE DU MAJOR

— ◊ —

Prenons encore un peu plus de hauteur et pour cela prenons carrément de l'altitude. À nous les verdoyantes montagnes du centre du pays où l'on peut se surprendre à mettre une petite laine, chose absolument impensable dans la plaine plutôt adepte de la cuisson à feu doux du voyageur, façon blanquette de veau. À nous, Nuwara Eliya, petite bourgade perchée à 1868 m dont les sommets environnants, tapissés de forêts ou de théiers, accrochent les nuages. Forcément, les colons britanniques orphelins de la brume et de la fraîcheur ne pouvaient que s'y plaire. L'un d'eux, le major Thomas William Roger, quand il ne travaillait pas, quand il ne sirotait pas un whisky, quand il ne jouait pas au cricket, pour tuer le temps, tuait des éléphants. À chacun son *hobby*. Comme le bougre était loin d'être maladroit, il refroidit en une petite douzaine d'années près de 1500 pachydermes dont le cuir si épais qu'il soit n'est pas hélas à l'épreuve des balles. Sa carrière de tueur en série fut brutalement interrompue par la foudre le 7 juin 1845. Ce jour-là, alors qu'il chassait, la décharge fut pour lui. Il repose en paix dans un minuscule cimetière attenant au terrain de golf. Une fissure zèbre sa pierre tombale posée au ras du gazon. On dit dans la région que c'est la foudre téléguidée par un Dieu en colère qui est venue le frapper une seconde fois.

LES SOMMETS ENVIRONNANTS, TAPISSÉS DE FORÊTS OU DE THÉIERS, ACCROCHENT LES NUAGES.

UN THÉ AU GOÛT AMER

— ◊ —

Pauvre major, mort trop tôt pour assiter à l'essor des plantations de thé qui remplacèrent à partir des années 1880 les plantations de café dévastées par la rouille du caféier. Alignés en rangs serrés et pomponnés par les mains habiles des cueilleuses, les plants épousent en ondulant les courbes des collines aux alentours de Nuwara Eliya. Ari Supaia, 61 ans, analphabète, est l'une de ces cueilleuses tamoules qui chaque jour et par tous les temps s'échinent sur les pentes pour gagner une poignée de roupies... Vingt kilos de feuilles qui correspondent à sa tâche quotidienne lui rapportent 850 roupies, soit 2,20 euros. Avant elle, sa mère, sa grand-mère ont trimé ici sous la surveillance des contremaîtres, mais elles ne recevaient aucun pécule, leur employeur préférant les payer en nature avec du sel, de l'huile, du kérosène pour les lampes... manière de limiter leur autonomie et de décourager toute velléité de quitter la plantation. On voit par là qu'Ari, qui travaille comme une bête de somme depuis ses dix ans, aurait tort de se plaindre.

PRATIQUE

ALLEZ-Y SI
Votre horoscope vous conseille d'aller voir le rocher du Lion ; votre horoscope ne vous conseille rien du tout, c'est Bouddha qui guide vos pas.

ÉVITEZ SI
Vous ne souhaitez pas connaître les conditions de travail des ouvrières chargées de cueillir le thé ; les histoires de chasseur vous rendent triste ; vous cherchez encore Ceylan sur une carte.

COMMENT Y ALLER ?
A/R Paris-CDG–Colombo (12 h) avec Sri Lankan Airlines.
Un passeport valide au moins 6 mois après la date d'entrée est obligatoire et il faut demander une ETA (Electronic Travel Authorization) pour obtenir un visa d'un mois.

QUAND PARTIR ?
La meilleure saison se situe entre fin janvier et avril, quand la pluviosité est la plus faible et l'ensoleillement le plus important.

Plus d'infos : www.srilanka.travel.

Ci-contre : train traversant une plantation de thé à Hatton. / Ci-dessus : surfeur à Arugam Bay./ Macaque dans le temple de la grotte de Dambulla. / Couple d'éléphants dans le parc national de Yala.

OCÉANIE
ET PACIFIQUE

AUSTRALIE

DARWIN, LE GOÛT DU BUSH

Là-bas, c'est le Nooord ! Pendant la saison des pluies, il fait moite, très moite. Pendant la saison sèche, il fait chaud, très chaud. 30 °C, 40 °C. Et la vie est dure, très dure. Il faut toujours regarder où on pose les pieds. Surtout ne pas marcher sur la queue d'un crocodile. Là-bas, c'est le bush !

Darwin, la capitale du Territoire du Nord, est déjà loin. On ne la regrettera pas. Sur le bord de la Stuart Highway un grand panneau affiche en lettres jaunes sur fond vert, honneur aux couleurs de l'Australie, un ultime avertissement à l'attention des automobilistes qui rouleraient trop confiants vers l'aventure à bord de leur 4 x 4 climatisé : « *Last chance for alcohol before Kakadu* ». Comment ça « *Dernière chance d'alcool avant Kakadu* » ? Un coup de volant vers la gauche et le Toyota Land Cruiser vient s'arrêter en souplesse devant le Adelaide River Inn. Les portières claquent, l'air brûle, un toast dans un grille-pain ne doit pas avoir plus chaud que nous à cet instant. Vite aux abris ! Dans le bar 303 dont le nom fait référence à la munition d'un antique fusil anglais, d'autres assoiffés ont déjà trouvé de quoi se désaltérer. Il y a là quelques buveurs de bière à la barbe en broussaille et à la rouge trogne. On les appelle par ici des *bogans* quand en plus de leur penchant alcoolique, ils témoignent d'une affection délirante pour les armes à feu. À l'angle du comptoir, un buffle doté d'une imposante paire de cornes les observe sans bouger une oreille. C'est Charlie. Depuis son empaillage, il est devenu très zen. Charlie a connu la gloire à la fin des années 1980 après une apparition poussive dans le film *Crocodile Dundee*. Mick Dundee, dit Crocodile Dundee, un vrai gars du *bush*, l'hypnotisait en tournicotant sa main devant ses naseaux. La prouesse faisait se pâmer Sue Charlton, une journaliste américaine dont l'habitat naturel se situait du côté de la Cinquième avenue à New York, à des années lumière de l'*outback* australien. On vous laisse deviner la suite si vous ne la connaissez pas déjà. En remportant un succès aussi colossal qu'inattendu, le film qui deviendra culte fit découvrir au monde entier la beauté sauvage du parc national de Kakadu. C'est justement notre destination. Plus qu'une centaine de *miles* et on y sera. Patience !

Ci-contre : Billabong (méandre mort) de la rivière Adelaide. / Ci-dessus : coucher de soleil sur le parc national de Kakadu.

CHEZ LES CROQUE-MONSIEUR

— ◊ —

Sur les rives de la rivière Adélaïde, plusieurs crocodiles ont posé leurs pénates. Les touristes passent leur dire bonjour en bateau histoire de frissonner un peu à la vue de leurs gueules patibulaires. Posté à l'avant de l'embarcation, un animateur plonge dans les flots jaunâtres une tête de cochon attachée à un long bâton afin de les attirer. Que le spectacle commence ! Le premier à réagir s'appelle Archie. Oui, c'est ainsi, tous les locataires de la rivière ont reçu un petit nom. D'emblée on en pince pour Archie à qui il manque un bout du museau et une patte. Ça lui apprendra à se battre contre plus fort que lui pour s'arroger quelques femelles. Il s'approche de la barbaque qui maintenant pendouille à un bon mètre cinquante au-dessus de la surface. S'il la veut, il doit sauter, mais on le sent hésitant. Un petit tour, deux petits tours et soudain il jaillit gueule ouverte, accroche la cible sans l'arracher. C'est raté. Pauvre Archie ! D'autres prendront sa relève avec plus de succès, mais aujourd'hui, il n'y a pas vraiment foule.

UBIRR ET ORBI

— ◊ —

Ubirr et son rocher. Juché à son sommet, l'incomparable Crocodile Dundee déclarait en montrant l'immense plaine inondable de Nadab se déployant à ses pieds : « *Ici c'est mon jardin* ». Un jardin infesté de crocodiles bien entendu et de serpents de mauvais aloi. Un jardin fréquenté depuis au moins 20 000 ans par les Aborigènes qui ont peint sur les parois à l'abri des surplombs du rocher quantité de motifs en se servant d'ocre. Représenter un *barramundi* (gros poisson de rivière) ou une tortue à long cou leur permettait d'entrer en contact avec les esprits du gibier, étape indispensable à la réussite de la chasse. D'autres dessins, destinés aux plus jeunes, illustraient des légendes, parlaient de la création du monde. Au fil du temps, les couches se sont superposées, les « artistes » n'hésitant pas à peindre par-dessus les œuvres de leurs prédécesseurs. Autour des années 1880, l'un d'eux a même peint un « *white fella* », soit un homme blanc avec ses bottes, son pantalon et sa chemise. Sûrement un chasseur de buffles en vadrouille dans le coin qui ne se doutait pas qu'il laisserait une trace si persistante. Plus au sud, le site de Nourlangie abrite parmi les plus récentes peintures rupestres de Kakadu. On les doit à Nayombolmi, aussi connu sous le nom de Barramundi Charlie, qui les exécuta dans les années 1960. Dire que l'art rupestre – *gunbim* pour les Aborigènes – venu du fond des âges se pratiquait encore dans les années pop. Aujourd'hui, l'écorce, le papier et la toile ont remplacé la roche, mais l'esprit des ancêtres demeure.

PRATIQUE

ALLEZ-Y SI

Vous êtes fan de Crocodile Dundee ; vous aimez les grosses bêtes avec de grandes dents ; votre période artistique préférée remonte à 20 000 ans.

ÉVITEZ SI

Vous souffrez de la chaleur dans le Cotentin ; vous voyez dans chaque crocodile une paire de bottes.

COMMENT Y ALLER ?

A/R Paris–Sydney avec Qantas Airways, avec une escale, à partir de 22 h.
Sur place, la même compagnie propose des vols Sydney–Darwin (4 h 40).
Un passeport valide 6 mois après la date de retour est obligatoire, ainsi qu'une autorisation électronique de voyage (eVisitor) : elle est gratuite et valable pour un séjour de 3 mois.

QUAND PARTIR ?

La saison des pluies s'étend de novembre à avril, et se caractérise par une forte humidité, des tempêtes et pluies de mousson. La saison « sèche », de mai à octobre, se caractérise par des journées ensoleillées, sèches et chaudes.

Plus d'infos :
Office de tourisme du Territoire du Nord :
www.tourismnt.com.au, www.australiasoutback.com.
Kakadu National Park : www.kakadu.com.au.

Page de gauche : Billabong de Yellow Water. / Ci-contre : Vue aérienne du parc national de Kakadu. / Chutes de Gunlom./ Art rupestre représentant des poissons, à Ubirr.

TASMANIE, ÎLE SAUVAGE

Tassie, c'est le petit nom de la Tasmanie, une île aussi grande que l'Irlande et flottant comme un bouchon juste au sud-est de l'Australie. Tassie – on prononce Tazi – est une terre sauvage. Ses paysages changent rapidement, rien à voir avec le continent. Ses parcs nationaux sont sublimes. Son air est pur. Son histoire est tragique, mais son karma a la patate. Comment diable ne pas aimer Tassie ?

DRÔLE DE DIABLE

— ◊ —

La France est fière de son coq, la Tasmanie est fière de son diable et entend bien le sauver grâce au programme Save the Devil. Il ne fut pourtant pas toujours à la fête. Classé comme nuisible, il fut impitoyablement chassé pendant plus d'un siècle au point déjà de presque disparaître et ne dut son salut qu'à son classement comme espèce protégée en 1941. Mais à quoi donc ressemble ce diable ? Deux minuscules oreilles rondes et rougeaudes, un cou bien tassé, et une queue incertaine, le tout recouvert d'une fourrure noire. Mais le diable est d'abord un grognement inquiétant. D'où son nom en référence à son cri, diable de Tasmanie. Puisqu'on en est là à discuter appellations, sachez que la Tasmanie doit, elle, son nom à Abel Tasman, un navigateur hollandais qui la découvrit en 1642.

IL ÉTAIT UNE FOIS LES ABORIGÈNES

— ◊ —

Arrivée près de Mount Williams au nord-est de l'île, point de départ de la Wukalina Walk, une randonnée de trois jours entre le *bush* sauvage et les plages désertes couronnées d'énormes rocs de granit. Ben Lord nous accueille en prononçant quelques phrases en *palawa kani*, la langue des Aborigènes de Tasmanie. Quand les Britanniques s'installèrent en 1803 près du lieu qui allait devenir la capitale Hobart, on comptait quelque 7 000 autochtones. Soixante-treize ans plus tard, il n'y en avait plus un seul. Un génocide vite fait bien fait pour se sentir *at home*. Issus des unions entre indigènes et colons, environ 12 500 habitants de l'île sont aujourd'hui recensés comme Aborigènes de Tasmanie (*Palawa*) et militent pour faire valoir leurs droits et faire renaître leur culture.

12 500 HABITANTS DE L'ÎLE SONT AUJOURD'HUI RECENSÉS COMME ABORIGÈNES DE TASMANIE ET MILITENT POUR FAIRE VALOIR LEURS DROITS ET FAIRE RENAÎTRE LEUR CULTURE.

Ci-contre : plage de Wineglass Bay et mont Amos. / Ci-dessus : baie de Binalong.

LEÇONS DE CHOSES AU GRAND AIR

— ◊ —

En guise d'amuse-gueule, on entame la randonnée par l'ascension du mont William, le point le plus élevé du parc national alentour auquel il donne son nom. Qui était ce William ? On s'en moque, car on préfère retenir le nom aborigène du géant des lieux, Wukalina, qui signifie sein de femme. Parvenus à sa pointe (216 m), les vaillants randonneurs sont récompensés de leurs efforts par la vue panoramique sur la côte. Au nord, on aperçoit les îles Furneaux, au sud, le phare d'Eddystone, point final de la balade. Dans la descente, il faut s'accrocher pour garder le contact avec Ben Lord qui se faufile entre les buissons de boronias, de banksias, de yaminas avec la vivacité d'un kangourou géant qui aurait rendez-vous avec madame sur la plage. De temps en temps, il marque cependant une pause pour dispenser quelques leçons de botanique appliquée. Ainsi apprend-on que la sève contenue dans les pousses du yamina, quand on la mélange à des crottes de kangourou et du charbon, constitue une très bonne colle. Plus loin, on s'arrête devant le terrier d'un puffin à bec grêle, petit oiseau maritime qui à terre se prend pour un lapin. Les Aborigènes le nomment *yolla*. Entre mars et avril, selon une tradition séculaire, ils cueillent les poussins installés bien au chaud dans leur nid et leur brisent aussitôt le cou entre le pouce et l'index. Leur destin est de finir sur un gril. « *Le projet Wukalina a changé ma vie*, confie Ben entre deux topos sur les vertus des plantes sauvages. *Avant d'exercer le métier de guide, j'ai longtemps travaillé comme pêcheur sur les bateaux-usines, j'ai aussi été barman. Il y a peu encore, j'étais méprisé en tant qu'Aborigène, mais désormais j'ai retrouvé ma fierté au contact de la nature et en œuvrant pour notre communauté.* » On arrive au *krakani lumi* (lieu de repos) sans y prendre garde tant les huttes de bois qui le composent se fondent dans la végétation. À côté d'un grand foyer en plein air, un délicieux salon se love sous la voûte d'un demi-dôme. C'est ici qu'on se rassemble pour écouter Clyde raconter des histoires et pour se rassasier. Au menu du soir : écrevisses, poissons, steak de wallaby et même du *yolla*, dont le goût ressemble à celui d'un poulet qui aurait mariné dans de l'huile de poisson. Après une deuxième nuit dans ce havre idéal, on longe la côte jusqu'au phare d'Eddystone, en passant par une série d'émerveillements. Chaque anse peaufine sa courbure, cajole ses rochers semblables à de gros matous, certains étendus et faisant la sieste, d'autres dressés dans la position du chasseur à l'affût d'une proie. Dernière nuit dans une ancienne maison de gardien de phare avant de descendre en voiture plus au sud jusqu'au Freycinet National Park.

PRATIQUE

ALLEZ-Y SI

Vous avez l'appétit d'un diable de Tasmanie et mangez 40 % de votre poids en 30 minutes ; vous cherchez un pays où l'on mange divinement ; vous voulez voyager dans le sillage d'un certain Français dénommé Freycinet.

ÉVITEZ SI

Vous comptez voir un tigre de Tasmanie alors que le dernier spécimen a disparu en 1936 ; vous pensez que le premier habitant de la Tasmanie s'appelait Mr. Smith et prenait chaque jour le thé à 5 heures avec Mrs. Smith sous un grand eucalyptus.

COMMENT Y ALLER ?

A/R Paris–Melbourne (21 h 15) avec Qantas, Air France, Emirates. Puis A/R Melbourne–Launceston (1 h 10) avec Qantas.
Les ressortissants français doivent être en possession d'une autorisation électronique de voyage (*eVisitor*). Ce visa eVisitor est valable 12 mois, pendant lesquels on peut se rendre en Australie librement, en y séjournant jusqu'à 90 jours à chaque visite. Les visas eVisitor sont des visas à entrées multiples, valables un an à compter de la date de délivrance.

QUAND PARTIR ?

Le climat de la Tasmanie est océanique, le temps est humide, doux et pluvieux. L'été va de décembre à février avec une température moyenne de 20 °C.

Plus d'infos :
www.discovertasmania.com,
www.australia.com.

Page de gauche : plage de Wineglass Bay et ses rochers de lichen orange. / Ci-contre : Diable de Tasmanie. / Wallaby de Bennett. / Koala mangeant des feuilles d'eucalyptus.

NOUVELLE-ZÉLANDE

TONGARIRO PARK, VOLCAN ARDENT

Au centre de la bouillonnante île du Nord, le parc national de Tongariro, tout émaillé de volcans, geysers et sources chaudes, est l'un des grands points chauds de la randonnée néo-zélandaise.

« On dirait un sexe féminin. » La phrase fait l'effet d'un coup de tonnerre dans un ciel d'azur. Cela faisait bien cinq minutes qu'assis sur un bloc de basalte, on observait avec un mélange d'extase et de curiosité la dépression dantesque du Red Crater et son grand déballage de roches cuites : un étonnant tunnel de lave évidé par l'érosion faisant saillie sur la paroi sud du cratère – on apprendra plus tard que les géologues parlent d'un dyke – nous faisait penser à quelque chose sans qu'on puisse le nommer ni même en préciser l'image. Mais oui, absolument, cette béance oblongue aux nuances rougeâtres évoquait une vulve. L'origine du monde version kiwi.

UN AIR DE MONT FUJI

– ◊ –

Après une telle révélation, le regard un peu confus se détourne avec pudeur vers les solitudes gercées du désert de Rangipo. Au-delà se dresse le cône presque parfait du mont Ngauruhoe, le volcan le plus actif de Nouvelle-Zélande avec 61 éruptions recensées depuis 1839. Avec son impeccable esthétique d'estampe, ses pentes raides et lisses, sa gueule toute barbouillée de rouge, la montagne affiche un petit air de mont Fuji sanguinaire. Des vagues de bruyères en habits mauves viennent s'échouer au pied du géant sur les gravats de champs de lave hirsutes.

AU-DELÀ SE DRESSE LE CÔNE PRESQUE PARFAIT DU MONT NGAURUHOE, LE VOLCAN LE PLUS ACTIF DE NOUVELLE-ZÉLANDE.

Ci-contre : cratère rouge et mont Ngauruhoe dans le parc national de Tongariro. / Ci-dessus : parc thermal coloré de Waiotapu, Rotorua.

Le Ngauruhoe est surtout connu pour être la montagne du Destin, le fameux Mount Doom où a été forgé « l'anneau pour les gouverner tous ». En 2000, Peter Jackson est venu tourner dans le coin plusieurs scènes clés de son *Seigneur des Anneaux*. Mais la légende de Tolkien a dû en rabattre devant la tradition maorie. Aussi le sommet du Ngauruhoe, supposé avoir été gravi par l'ancêtre de la tribu locale, les Tuwharetoa, voici trente générations, est-il *tapu*, un lieu sacré interdit aux profanes. En 1887, Tukino Te Heuheu IV, le grand chef des Tuwharetoa, cède ce territoire à la Couronne britannique pour le soustraire à l'exploitation des colons européens et en faire un parc national. Sept ans plus tard, lorsque le parc de Tongariro est créé, devenant ainsi le tout premier parc national de Nouvelle-Zélande, il espère bien que les Maoris soient associés à sa protection comme gardiens. Ils attendent encore. Il a dû y avoir un léger malentendu... Les croyances maories n'émeuvent guère les centaines de randonneurs qui chaque année font tout de même l'ascension du Ngauruhoe.

RÉPUTATION SULFUREUSE

– ◊ –

Quelques kilomètres sous les semelles des visiteurs de l'île du Nord, la plaque australienne force la plaque Pacifique à plier l'échine et s'enfoncer sous elle à raison de 4 cm par an. Ces petites chamailleries tectoniques lui ont valu son éloquent surnom d'île Fumante, avec en son centre une profusion de fumerolles, de vallées géothermales et de sources chaudes. La zone thermale de Wai-o-Tapu, déclarée réserve naturelle, est truffée de marigots aux relents de soupe des premiers âges, de rideaux de vapeurs sulfurées ou de petits cratères soufflant l'haleine mauvaise d'une terre échaudée.

Ces marmites diaboliques sont supposées avoir des vertus curatives à faire rêver un pèlerin de Lourdes : « *Les infirmes jettent leurs béquilles et les goutteux retrouvent la santé* », affirme sans rire un rapport gouvernemental de 1903 à propos de leurs bains chauds.

PRATIQUE

ALLEZ-Y SI

Vous voulez pousser la porte noire de Mordor et sauver la Terre du Milieu ; vous aimez les kiwis.

ÉVITEZ SI

Vous voulez observer des moas (ces oiseaux voisins de l'autruche ont disparu depuis longtemps) ; vous voulez voir des kiwis en liberté (ils sont exclusivement nocturnes et d'une discrétion à toutes épreuves).

COMMENT Y ALLER ?

A/R Paris–Auckland avec Qatar Airways, Cathay Pacific, Emirates ou Air France : 24 h de vol au minimum avec une escale.

QUAND PARTIR ?

La Nouvelle-Zélande est dans l'hémisphère Sud, les saisons sont donc inversées. La meilleure période est l'été austral, qui va de décembre à mars, avec les températures les plus chaudes. Les mois d'avril et de novembre sont également très agréables.

Plus d'infos : newzeland.com.
Sur la randonnée dans le parc Tongariro : www.tongarirocrossing.org.nz.

Ci-contre : panneau routier typique. / Taranaki Maunga et Pouakai Tarns. / Ongariro Alpine Crossing. / Forêt de séquoias.

EXQUISES MARQUISES

Les Marquises ! Ce nom fait rêver depuis qu'au XVIe siècle des explorateurs européens, assez audacieux pour affronter l'océan Pacifique, en ont dressé des tableaux enchanteurs. Les Marquises, éden si lointain dont le peuple manqua de disparaître au XXe siècle. Les Marquises, îles sauvages où l'on vit des vacances au parfum de légende. Et si, pour commencer, l'on posait le pied sur la plus grande d'entre elles : Nuku Hiva.

Enfonçons-nous dans le bleu de l'océan Pacifique. Nous y trouvons juste en dessous de l'équateur une poignée d'îles pointues comme des hallebardes. Sur leurs flancs prolifère une végétation aussi luisante que les élytres d'un scarabée. Privées d'une barrière de corail, elles n'ont pour se défendre contre la houle impavide que des pointes de basalte acérées, lointaines réminiscences d'une jeunesse qui fut volcanique. Cet archipel, on l'appelle Marquises. Ce nom a quelque chose de magique. Il fait naître des visions exotiques : beaux arbres qui donnent en abondance des fruits savoureux, grandes pirogues de bois fendant les flots nerveux, tatouages aux captivants motifs géométriques, idoles de pierre tapies dans les forêts. Ce nom, on le doit à Alvaro de Mendaña, navigateur espagnol qui, passant par là par hasard en 1595, tomba sous leur charme et les baptisa « Marquesas de Mendoza » en l'honneur de l'épouse du vice-roi du Pérou, le marquis García Hurtado de Mendoza. Retombées aussitôt dans l'oubli pour le plus grand bonheur des autochtones, les Marquises attendirent jusqu'en 1774 pour recevoir une autre visite d'importance en la personne de James Cook. Joseph Ingraham, un Américain, se pointa en 1791 tout comme le Français Étienne Marchand, qui au nom de la France s'en empara et les nomma îles de la Révolution. Ce haut fait déboucha sur pas grand-chose et il fallut attendre 1842 pour que l'amiral Dupetit-Thouars en prenne possession définitivement sous le nom de Marquises, l'époque étant devenue moins révolutionnaire. Les Marquisiens, eux, avaient toujours appelé leurs îles *Henua Enana*, ce qui signifie Terre des Hommes.

Ci-contre : vallée de Hatiheu sur l'île de Nuku Hiva. / Ci-dessus : îles Marquises.

GYMKHANA À NUKU HIVA

– ◊ –

Après trois heures de vol à bord d'un ATR 42 au départ de Papeete, on atterrit au nord de Nuku Hiva, là où l'on a trouvé le seul endroit à peu près plat pour aménager une modeste piste. Ceux qui se croyaient arrivés déchantent. L'aérodrome ne s'appelle pas « Terre déserte » pour rien. Il faut, pour rejoindre sur la côte sud Taiohae, la capitale, emprunter une route vertigineuse zigzaguant d'une crête à l'autre, tutoyant les ravins, surplombant les canyons. Au passage du col, l'air frais remet d'aplomb les estomacs sensibles aux virages. Surprise ! Une brume cotonneuse emmitoufle de grandes forêts de pins des Caraïbes se déployant sur les plateaux. Sensation étrange de se retrouver dans les Vosges, vite reprendre un bol d'air des tropiques. Il suffit pour cela de venir à bout de l'interminable descente. Sur les côtés, on aperçoit quelques chevaux. Il y a des chèvres aussi. Richard Deane est guide. Au volant de son imposant 4 x 4 Isuzu D-MAX, il fait souvent l'aller-retour pour aller chercher des clients en mal d'aventures. Il se rappelle du temps pas si lointain où la route n'était qu'une piste : « *Il fallait quatre bonnes heures pour aller d'un point à l'autre seulement distants de 15 km à vol d'oiseau. En cas de pluie, cela devenait franchement dantesque.* »

GARE AUX NONOS

– ◊ –

Aujourd'hui, il faut moins de deux heures pour rejoindre la somptueuse baie de Taiohae en forme de fer à cheval où quelques voiliers au mouillage balancent mollement leurs mâts dans l'alizé. Quand le jour décline, on voit des jeunes gens s'échiner à pagayer sur des pirogues à balancier d'une extrémité à l'autre de l'arc formé par la plage. Bienvenue dans la capitale d'une île comptant un tribunal, un hôpital, un collège accueillant tous les élèves de l'archipel, une prison minuscule dont la cour possède pour tout mur une haie composée de quelques arbres clairsemés. Les détenus au nombre maximum de cinq doivent avoir l'impression de purger leur peine en vacances. Les habitants, estimés à 3 000 (9 000 dans l'archipel), sont infiniment moins nombreux que les nonos, d'affreux moucherons assoiffés de sang.

REQUIEM POUR UN PEUPLE

– ◊ –

Richard Deane est né à Nuku Hiva. Sa femme, elle, est née en métropole. Quand ses parents, un père lyonnais et une mère marquisienne, ont décidé il y a une vingtaine d'années de s'installer aux Marquises, elle n'avait que douze ans. Quand ils lui ont montré sur une carte l'île où elle allait habiter, elle s'est exclamée : « *Mais, c'est tout petit. Comment on fait pour marcher dessus ? Il n'y a même pas la place pour poser un pied !* » Tout petit, mais avec assez de place pour se sentir à l'aise compte tenu de la maigre population. Cela n'a pas toujours été le cas. Imaginez que vers 1800, avant l'implantation des Occidentaux, on estime que 80 000 à 100 000 Marquisiens peuplaient huit des douze îles de l'archipel. En 1842, ils n'étaient plus que 20 000 et à peine 2 300 en 1923. Allaient-ils disparaître ? La tuberculose avait causé des ravages, la famine sévissait, beaucoup ayant perdu le goût de vivre se suicidaient, la mortalité infantile était au plus haut. Nommé la même année directeur du poste médical de Taiohae, le docteur Louis Rollin s'est efforcé de briser la trop funeste tendance. En instaurant des mesures d'hygiène drastiques, il parvient en une année à obtenir un excédent de naissances, chose que l'on n'espérait plus. Aujourd'hui, après plus d'un siècle, la courbe démographique s'inverse enfin.

Ci-contre : tiki sur la baie de Nuku Hiva. / Plage de sable volcanique brun sur Nuku Hiva. / Nuku Hiva. / Vache entourée de cocotiers dans la vallée de Hanapaoa à Hiva Oa.

AU PAYS DES TIKIS

— ◊ —

Entre son arrivée aux Marquises au Ier siècle avant J.-C. et la fin du XVIIIe siècle qui voit l'amorce de son terrible déclin, le peuple marquisien a construit quantité de villages. Beaucoup d'entre eux, engloutis par la forêt, demeurent inconnus. Il faudrait pour tous les mettre au jour une armée d'archéologues. Sur la côte nord, la vallée de Hatiheu peut se flatter de posséder sept *tohua* ou places communautaires rectangulaires où se déroulaient les grandes cérémonies de prières collectives, les rites de passage à l'âge adulte et les sacrifices pour apaiser les divinités. Plates-formes (*paepae*) et gradins constitués d'imposants blocs de pierre ont été restaurés avec l'appui de la population dont les savoir-faire, du moins certains (confection de toits avec des palmes de cocotiers tressées et liées à la charpente avec des écorces d'hibiscus...), ont subsisté en dépit des avanies de l'histoire. Une statue de pierre nous fixe de ses grands yeux ronds. Ses genoux sont fléchis. Elle tient ses bras collés le long du corps et ses mains sur le ventre. Sa tête est énorme. C'est un *tiki*, mi-homme, mi-dieu. Autrefois, il incarnait le monde des ancêtres divinisés. Dans la partie surélevée du site, un banian vieux de 500 ans prend ses aises, s'étale. Autrefois, cet arbre mythique protégeait chaque village et on lui confiait les os des ancêtres. Ces derniers dorment plus tranquilles depuis la création en 1979 de l'association culturelle Motu Haka (le Rassemblement) dont le but est de faire revivre la langue, les chants, les danses, les légendes, le tatouage et la sculpture de l'archipel. Le festival des arts des îles Marquises (Matava'a) qui se tient tous les deux ans dans l'une des six îles habitées leur fait aussi chaud au cœur. La mauvaise nouvelle, c'est que les îles sont appelées à s'enfoncer lentement dans l'océan, se transformer en presqu'atolls avant de devenir atolls et finalement disparaître, mais cela devrait prendre 30 millions d'années. « *De quoi voir venir !* », disent les tikis.

Ci-dessus : statues tiki typiques. / Ci-contre : pics de la vallée de Hokatu, sur l'île de Ua Huka.

PRATIQUE

ALLEZ-Y SI

Les îles très lointaines vous attirent ; vous voulez un tatouage marquisien *made in Marquises* ; vous avez le béguin pour Gauguin.

ÉVITEZ SI

Une marquise évoque pour vous un auvent vitré, situé devant une porte d'entrée ; la chanson de Brel ne vous a jamais ému ; vous croyez y trouver un lagon.

COMMENT Y ALLER ?

A/R Paris–Papeete via Los Angeles (22 h) avec Air Tahiti Nui.
A/R Tahiti–Nuku Hiva (3 h 15) avec Air Tahiti.
Tout passager en transit aux USA doit obtenir via Internet une autorisation électronique de voyage avant le départ (Electronic System for Travel Authorization – ESTA).

QUAND PARTIR ?

Durant l'été austral, entre avril à octobre, c'est la saison dite sèche, avec des températures avoisinant une moyenne de 25 °C. Les averses se manifestent principalement en soirée.

ANTARCTIQUE, AMÉRIQUES ET CARAÏBES

CROISIÈRE GLAÇONS, CROISIÈRE FRISSONS

Si l'on navigue plein sud à partir d'Ushuaia, on rencontre après deux jours de pleine mer une pointe de terre capitonnée de glace. C'est une mèche du continent Antarctique qui rebique, c'est la grandiose péninsule Antarctique. Cabotant d'îles en détroits, de glaciers en icebergs, on s'enivre de beauté brute, on croque dans la nature sauvage, on oublie l'agitation du monde. Bienvenue dans le paradis blanc.

JOUR 1 : EMBARQUEMENT À USHUAIA SUR EXPLORIS ONE

– ◊ –

Ushuaia. Pour certains, c'est le nom d'un gel douche ; pour d'autres, c'est le nom en langue yámana de la ville la plus australe du monde, en Terre de Feu, à l'extrême sud de l'Argentine – Buenos Aires se trouve à 3 085 km. Pour nous, c'est le point de départ d'une croisière à bord du navire *Exploris One*, de la compagnie Exploris, qui doit nous mener jusqu'à la péninsule Antarctique. 16 h 30, l'heure de l'embarquement. Par les haut-parleurs incrustés dans le plafond de chaque cabine et de chaque coursive, le commandant invite tous les passagers à se réunir sur le pont 6 avec leur gilet de sauvetage orange, histoire d'apprendre comment l'enfiler. Plus tard, alors que l'on navigue sur le canal de Beagle, le premier dîner est servi et le moral est au beau fixe.

JOUR 2 : TRAVERSÉE DU PASSAGE DE DRAKE

– ◊ –

Qui veut aller sur la péninsule Antarctique à partir d'Ushuaia n'y coupe pas, il doit traverser le passage de Drake, ainsi nommé en l'honneur du corsaire anglais Francis Drake qui pourtant n'y trempa jamais la coque de son navire et ne fit que subodorer son existence en 1578. Ainsi l'histoire a fait un affront à Willem Schouten, un Hollandais qui le premier navigua dans ces eaux ô combien tumultueuses en 1616 et qui à ce titre méritait, lui, de laisser son nom sur les cartes marines. Cette voie navigable reliant l'océan Pacifique à l'océan Atlantique s'étend du cap Horn aux îles Shetland du Sud et offre l'itinéraire le plus court vers le continent glacé. Court mais intense.

JOUR 3 : LE PREMIER ICEBERG

– ◊ –

Séquence émotion : on aperçoit flottant sur la mer déchaînée un premier iceberg constitué de deux belles dents blanches qui se rient de la tempête. Ça promet. C'est aussi le signe qu'on approche de la terre.

Ci-contre : navire à vapeur vu par le trou d'un iceberg dans la péninsule Antarctique. / Ci-dessus : iceberg.

JOUR 4 : SORTIES EN MER

— ◊ —

Après avoir emprunté le détroit de Gerlache, le navire progresse à très petite vitesse vers Neko Harbour. L'aurore aux doigts de rose colore le ciel, quelques élégants nuages, les hautes montagnes empanachées de neige et les côtes meringuées de glaciers. Tout est silence. Tout est calme. Tout est beauté. Moment idéal pour revêtir une combinaison étanche et sortir les kayaks. On pagaie dans le *brash*, une surface pleine de glaçons n'excédant pas les deux mètres, selon la nomenclature internationale des glaces. Un phoque de Weddell vautré sur un iceberg soulève une paupière, évalue la situation, et décide de se rendormir. Des sternes antarctiques survolent notre minuscule flotte en multipliant les acrobaties. Elles sont vite rejointes par des damiers du Cap. L'après-midi, on troque les kayaks contre des zodiacs. Dans la baie de Flandres, les icebergs défilent devant nos yeux émerveillés. Certains hébergent des phoques crabiers dont la population en Antarctique dépasse les treize millions. Un léopard des mers surgit à deux mètres à peine d'un boudin, disparaît, puis réapparaît. Sans effort, il suit le bateau, jouant dans son sillage. Qu'est-ce qu'un léopard des mers ? Rien d'autre qu'un phoque à la fourrure tachetée et aux mâchoires très puissantes dont il use pour becqueter des manchots et même d'autres phoques quand l'envie lui prend de diversifier son régime de poissons et crustacés. Les croisiéristes sont priés de ne pas laisser traîner leurs mains près de l'eau. Un léopard des mers pourrait se méprendre.

JOURS 5 ET 6 : L'AUTOROUTE À MANCHOTS

— ◊ —

L'Exploris One se faufile à travers l'étroit canal Lemaire flanqué de vertigineuses falaises et de glaciers replets pour déboucher à Port Charcot, une petite baie située à l'extrémité nord de l'île Booth. Elle fut découverte en 1904 par l'explorateur Jean-Baptiste Charcot qui naviguait sur *Le Français*. Ce patriote mit à profit son hivernage pour notamment construire un cairn au sommet d'une colline. Il est toujours là. Pour y accéder, on chemine en file indienne dans la neige en passant non loin d'une colonie de manchots papous. Pour se déplacer, ces oiseaux privilégient les grands axes, soit ce qu'on appelle les autoroutes à manchots, qu'ils façonnent à force de piétinements maladroits. Fichues pattes ! Elles sont si courtes qu'ils doivent pour avancer se dandiner, ce qui par répercussion fait osciller le haut du corps et les contraint à écarter les ailes pour assurer un équilibre d'apparence précaire. Faut-il mettre sur le compte de cette inaptitude à marcher sans tanguer leur propension à rester plantés comme des piquets toute la sainte journée ? En tout cas, ils se montrent plus à leur avantage dans les flots, où ils se plaisent à marsouiner.

Ci-dessus : colonie de manchots sur l'île du canal Beagle. / Ci-contre : phoque crabier sur la banquise. / Croisière polaire dans le port de Neko. / Sortie en kayak. / Queue d'une baleine à bosse.

JOUR 7 : PARMI LES BALEINES À BOSSE

– ◊ –

Alors qu'*Exploris One* vogue tranquillement entre Recess Cove et Portal Point, Florence Kuyper, la cheffe des opérations, fait une annonce : « *On a repéré plusieurs baleines à bosse autour du navire. On vous propose de s'arrêter et de mettre à l'eau les zodiacs. Rendez-vous dans vingt minutes pour embarquer.* » À bord, on trépigne. En effet, elles sont venues en bande et pèsent quand même entre vingt-cinq et quarante tonnes et mesurent de douze à seize mètres. Chaque jour de l'été austral, elles avalent une tonne de krill afin de reconstituer la réserve de graisse indispensable pour entreprendre la grande migration vers les eaux tropicales. Pas farouches, certaines évoluent à moins de dix mètres de nos embarcations, qui soudainement paraissent très frêles. Et vas-y que j'expulse un jet d'eau par les évents, et vas-y que je montre mes nageoires pectorales, et ma nageoire caudale, tu l'as vue, et mes fanons, ils te plaisent ? À croire qu'elles présentent un numéro de cabaret. Bravo, les artistes ! On n'oublie pas qu'elles ont failli disparaître au cours de la première moitié du XXe siècle, quand les baleiniers les chassaient sans répit. Leur graisse transformée en huile alimentait les lampes. Aujourd'hui, elles sont classées comme espèce non menacée par l'UICN (l'Union internationale pour la conservation de la nature).

JOUR 8 : CHEZ LES ÉLÉPHANTS DE MER

– ◊ –

En franchissant les Forges de Neptune, un étroit goulet encadré par des falaises patibulaires, le navire progresse d'abord en direction de la grande baie de Port Foster qui occupe le centre de l'île de la Déception en forme de fer à cheval, puis oblique rapidement à bâbord vers la petite baie des Baleiniers, dont le sable noir contraste avec la blancheur des montagnes nappées de neige et de glace. Cap ensuite sur l'île Livingstone, qui fait partie elle aussi de l'archipel des Shetlands du Sud. Lors de cette ultime escale avant la retraversée du passage de Drake, on a la chance d'observer pour la première fois des éléphants de mer. Apparemment, c'est l'heure de la sieste. Les rares qui ne roupillent pas bâillent ou posent un regard vitreux sur notre petite troupe. On a du mal à imaginer que parmi tous ces patapoufs amorphes, l'un est un mâle alpha, un brave d'entre les braves qui a conquis de haute lutte le droit de régner sur un harem comptant jusqu'à plus de 250 femelles.

JOURS 9 ET 10 : LE RETOUR

– ◊ –

Une navigation sans vagues ou presque jusqu'à Ushuaia. Au passage, on salue un cap Horn baigné de soleil. La croisière en a vraiment pris plein les yeux.

PRATIQUE

ALLEZ-Y SI
Vous aimez faire des tours en zodiac au milieu des icebergs ; vous souhaitez assouvir confortablement un rêve d'aventure ; vous voulez voir des baleines, des manchots, des phoques...

ÉVITEZ SI
Vous préférez les glaçons dans un verre ; vous avez le mal de mer ; vous pensez voir des pingouins et des ours blancs.

COMMENT Y ALLER ?
A/R Paris–Buenos Aires (13 h 45) avec Air France. A/R Buenos Aires–Ushuaia (3 h 30) avec Aerolinas Argentinas.

QUAND PARTIR ?
Les mois les plus favorables sont décembre et janvier, au cœur de l'été austral, avec une faune plus abondante à observer, ainsi que des températures et un ensoleillement à leur maximum. Entre décembre et mars, les températures sur les côtes peuvent être positives.

AVEC QUI PARTIR ?
Toutes les informations sur cette croisière avec *Exploris one* sur exploris.co.

Page de gauche : vue sur le bateau de croisière à travers la gueule d'une baleine. / Ci-contre : manchot Adélie sur son nid. / Baleine sautant hors de l'eau. / Groupe d'éléphants de mer.

SUR LES CANAUX DE PATAGONIE

*Il y a canaux et canaux. Le canal du Midi convient à la péniche, celui de Suez est taillé pour les tankers, ceux de Venise se visitent en gondole… Quant à ceux de Patagonie, on les découvre en bateau de croisière-expédition entre Punta Arenas et Ushuaia. Récit d'une odyssée de cinq jours à bord d'*Australis*, dans un labyrinthe aquatique où la nature s'impose plus qu'ailleurs.*

Forcément la route est longue. Santiago-du-Chili, comme on dit, c'est pas la porte à côté. C'est même à 13 000 km de la France. Un vol de 15 heures, un dodo, puis un nouveau vol au-dessus des Andes durant lequel on peut voir par le hublot des glaciers s'écouler dans des lacs bleutés. Arrivés à Punta Arenas, on monte à bord du *Ventus Australis*.

Ci-contre : zodiac de Ventus Australis dans la baie d'Ainsworth.

LA BAIE D'AINSWORTH

« *Il y a 100 ans, le glacier Marinelli arrivait là où nous marchons !* » déclare le guide Esteban. C'est-à-dire dans la baie d'Ainsworth. Puis, il pointe au loin la cordillère de Darwin couronnée de neige. « *Aujourd'hui, il a reculé jusque là-bas, soit à une vingtaine de kilomètres. Observez le paysage. Il a été façonné par les glaciers, il y a un million d'années. Si une montagne est ronde, cela signifie qu'elle se trouvait sous la glace. Si elle est pointue, on peut à l'inverse en déduire qu'elle est demeurée au-dessus de la couche de glace.* » La question du relief ayant été abordée, on s'intéresse à la végétation. Comment renaît-elle après la disparition de la glace ? On écoute Esteban : « *De la symbiose entre des microalgues et des champignons naissent des lichens verts ou jaunes, ciselés comme des dentelles. Grâce à la pureté de l'air, ils se développent très bien, et vont nourrir le sol sur lequel mousses, bruyères et arbustes vont progressivement s'implanter.* » Et voilà comment le cycle de la vie reprend.

QUI ES-TU, MANCHOT DE MAGELLAN ?

– ◊ –

« *Quand Magellan et son équipage ont vu pour la première fois ce "drôle de canard" qui ne vole pas et crie comme un âne, ils l'ont trouvé facile à chasser et appétissant, même si la viande est granuleuse* », explique notre guide Esteban tandis que depuis le zodiac nous observons une colonie de manchots de Magellan sur les îles Tucker. Pour les distinguer des autres espèces de manchots ? Facile. Leur ventre est blanc, barré par deux bandes noires. La tête, les joues et le cou sont noirs tandis qu'un galon blanc passe au-dessus de l'œil pour se prolonger en cercle autour des joues. Sur terre, l'animal a l'air bien emprunté avec ses pattes courtes et sa démarche raide. « *C'est parce qu'il n'a pas de genoux, mais dans l'eau, il est un excellent nageur* », commente Esteban. Est-ce son agilité aquatique qui a convaincu Australis de l'intégrer dans son logo ?

LE DÉFILÉ DES GLACIERS

– ◊ –

Cette nuit, le Pacifique a très mal porté son nom. Grosses vagues, pluie battante, vent terrible… Puis, au matin, plus rien. On se réveille à l'abri dans le canal de Beagle qui nous amènera jusqu'à l'océan Atlantique, 180 km à l'est. Le ciel est gris, « *d'un gris cruel qui écrase la terre* », selon l'expression de l'écrivain chilien Francisco Coloane. C'est vrai qu'il pèse lourd, ce ciel au-dessus des montagnes, au-dessus de la mer. Parfois, un coin de ciel bleu jaillit, tellement inattendu. Parfois, une bourrasque surgit sans prévenir, et fouette la cime des vagues. D'un fjord à l'autre, on rencontre des glaciers, qui, tels des fauves autour d'un point d'eau dans la savane, se penchent jusqu'au ras de la mer pour s'abreuver. Le plus costaud, le plus sidérant est le glacier Pia, qui en dépit du réchauffement climatique continue de s'étendre. Croulant sous sa masse, craquant de toutes parts, il s'effrite. De temps en temps, des pans de glace se détachent de sa falaise frontale dans un énorme fracas et vont s'écraser dans la mer. Tout le fjord en tremble. Dans ce décor grandiose, chacun des minuscules passagers semble se recueillir comme dans une cathédrale. Coloane, encore lui, écrivait : « *Il est des paysages, comme des instants de notre existence, qui restent à jamais gravés dans notre mémoire ; ils s'imposent à nous avec une intensité bouleversante.* »

Ci-dessous : glacier Pia. / Ci-contre : loups de mer. / Parc national de Torres Del Paine à Punta Arenas. / Baie d'Ainsworth, parc national Alberto de Agostini. / Manchots de Magellan sur la plage de Cabo Virgenes au kilomètre 0 de la célèbre Ruta40 dans le sud de l'Argentine.

DANS CE DÉCOR GRANDIOSE, CHACUN DES MINUSCULES PASSAGERS SEMBLE SE RECUEILLIR COMME DANS UNE CATHÉDRALE.

TERRE DE FEU

– ◊ –

Quand Fernand de Magellan s'aventure à travers les canaux de Patagonie avec l'ambition de trouver une route pour rejoindre l'océan Pacifique, il aperçoit des fumées s'élever au-dessus des terres. C'est ainsi qu'il choisit de nommer ce nouveau territoire Terre de Feu – *Tierra del Fuego* en espagnol. Ces fumées émanent des feux allumés par les peuples autochtones (Onas, Yagans, Alakalufs) pour se prémunir du froid et de l'humidité, deux ennemis mortels sous ces latitudes. Contre les colons, en revanche, ils ne trouveront pas de parade et seront massacrés sans pitié.

CAP HORN OU PAS CAP HORN ?

– ◊ –

La question est dans toutes les têtes alors que la croisière approche de son terme. Pourrons-nous débarquer au terrible cap Horn où tant de bateaux ont sombré ? Pourrons-nous poser un pied sur ce mythique caillou, le plus austral de l'Amérique du Sud, que les tempêtes se plaisent à rosser en toutes saisons ?
7 heures : aux nuages sombres, succèdent des trouées lumineuses. Débarquement autorisé. Les zodiacs nous déposent sur une plage. Il reste à gravir les 170 marches d'un escalier accroché à la falaise. Au sommet, le vent se déchaîne. Courbés et chancelants sous les bourrasques, on marche jusqu'à la sculpture géante d'un albatros, dressée ici en hommage aux cap-horniers ayant péri dans les parages (900 naufrages et 10 000 morts). On peut aussi trouver rassurante et utile la présence d'un phare. Ça tombe bien, il y en a un, dont José et Paloma sont les gardiens. Ils ont signé pour rester un an, en compagnie de leurs deux enfants, du vent et du silence.

Ci-dessus : le cap Horn. / Ci-contre : Ushuaia, Terre de Feu.

PRATIQUE

ALLEZ-Y SI

Vous avez fait le tour du canal du Midi ; vous aimez le fracas sourd et guttural des glaciers qui se précipitent dans les fjords.

ÉVITEZ SI

Un ciel gris et bas vous donne envie de vous pendre ; vous voulez voir un manchot empereur (ici on fait dans le manchot de Magellan).

COMMENT Y ALLER ?

A/R Paris–Santiago avec Air France ou LATAM Airlines. Compter entre 12 et 15 h de vol avec une escale pour rejoindre Punta Arenas avec LATAM ou Sky Airline. En Argentine, c'est Aerolíneas Argentinas qui opère les liaisons entre Buenos Aires et Ushuaia.

QUAND PARTIR ?

Le sud de la Patagonie a un climat plutôt froid et humide. La météo varie vite et l'on peut avoir les 4 saisons en une journée. Il est préférable de voyager pendant les mois les plus chauds et secs, à savoir d'octobre à mars.

AVEC QUI PARTIR ?

Australis, le croisiériste d'expédition historique en Terre de Feu, propose 2 croisières pour découvrir les fjords, les glaciers et manchots, le cap Horn et Ushuaia. Croisière 5 jours/4 nuits : www.australis.com.

Plus d'infos : www.voyage-au-chili.com.

BOLIVIE

LE SALAR DE LA PEUR

Des paysages entre sel et terre à donner le vertige, des mines monstrueuses qui ne prennent même pas la peine de recracher les corps des hommes qu'elles avalent, des Indiens taciturnes au regard de miroir, des momies grimaçantes et extraverties... les road trips dans le Sud bolivien enchaînent coups de cœur et émotions fortes.

Impossible de venir à Potosí sans payer tribut au Cerro Rico, la monstrueuse colline au teint rougeaud qui écrase la ville de toute sa masse. Après tout, nous autres Européens lui devons bien ça. Certains historiens assurent que les 30 000 tonnes d'argent qu'on lui a soutirées au cours des siècles ont non seulement fait la gloire de l'Empire de Charles Quint, mais ont été également à l'origine du capitalisme en Europe. Rien de moins. Les Espagnols ont commencé à percer ce formidable coffre-fort en 1545, et à la fin du XVIIIe siècle, Potosí était la cité la plus riche et la plus peuplée d'Amérique du Sud.

Ci-contre : flamant rose. / Ci-dessus : ancienne piste inca dans les Andes boliviennes près de Sucre.

AU PAYS DES FLAMANTS ET DES LAMAS

– ◊ –

Pour se ventiler les poumons encrassés, rien de tel que l'air éthéré des hauts plateaux. L'altiplano a étendu sa grande peau au soleil, piquetée d'une herbe fanée et éparse qui est à la terre fatiguée ce que les cheveux blancs sont à l'homme mûr. Des panneaux à fond jaune, comme on en voit parfois en Australie figurant tantôt un crocodile ou un koala, annoncent l'entrée en scène de l'un des principaux personnages de la puna : le lama au cou mobile comme celui d'une chouette, le lama avec sa lippe d'aristocrate outragé à qui l'on vient d'apprendre que la populace a envahi les pelouses de son château, le lama, seul animal domestique de l'Amérique du Sud avant l'arrivée des chevaux espagnols, le lama que personne, pas même John Wayne n'a jamais réussi à monter, le lama donc, seul animal heureux des hauts plateaux, grand habitué de la pénurie, à l'aise dans le peu et le moins que rien. Depuis Tintin et *Le Temple du Soleil*, tout le monde connaît sa nature atrabilaire. *« Quand lama fâché, lui toujours faire ainsi »* annonce le brave Zorrino à un capitaine arrosé par un infâme crachat. Sans doute la barbe de Haddock ne lui revenait-elle pas, car d'habitude, il ne crache que sur ses congénères par un réflexe de défense. Dans les marais de Villa Alota, les lamas jouent aux flamants roses, pataugent dans la boue et tendent leurs babines avides en direction de petites pousses vertes cachées sous la surface. Un couple d'oies se joint de bon cœur à ce barbotage gastronomique survolé par d'inattendues mouettes tridactyles aussi improbables sur ces hauts plateaux que les morceaux de corail qu'on retrouve éparpillés le long des pistes.

Sans doute ont-elles oublié que la Bolivie est un pays séquestré, privé de littoral et qui regarde le Pacifique avec une langue pendante. Faute d'océan, la Bolivie se contente de lagunes. Une eau venue d'on ne sait où s'est accumulée en brouets saumâtres dans l'intimité de la cordillère occidentale. Les flamants y trouvent leur pitance, une algue microscopique dénommée *Dunaliella salina*, riche en carotène qui leur donne leur teint de jeune fille. La famille des flamants boliviens compte trois membres éminents qu'une bonne paire de jumelles permet de distinguer : le flamant des Andes, bec jaune et noir et pattes jaunes – c'est le plus grand –, le flamant du Chili qui s'invite dans la région sans passeport, bec blanc à bout noir et pattes grises, et le dernier, endémique, pur produit du cru, le très stylé flamant de James, bec rouge et noir et pattes rouge foncé. Cet élégant volatile à la démarche de lord anglais lit le Financial Times tous les matins et s'allume un gros cigare après sa tasse de thé, ce qui a fini par lui noircir le bout des ailes. Des escadrilles entières arpentent à grandes enjambées la Laguna Colorada qui ce matin, en l'absence de vent, affiche encore un teint un peu pâlichon. Pas la moindre bise ne vient flétrir le miroir de la surface. Les montagnes alentour viennent s'y contempler pour se refaire une beauté.

Ci-dessus : montagne aux sept couleurs dans le désert de Siloli. / Homme vêtu d'un poncho, entouré de ses alpagas. / Ci-contre : lama.

LE RETOUR DE LA MOMIE

— ◊ —

Hélas, la beauté, comme les lagunes, ne dure qu'un temps. L'eau finit par s'évaporer, abandonnant ses sels aux bons soins du soleil. Le lac aux couleurs chatoyantes cède la place à une croûte blanchâtre qui déroule à l'infini ses alvéoles d'abeille. L'humain lui aussi finit par se dessécher et se racornir. Nous pourrions enchaîner les dithyrambes à la gloire du salar d'Uyuni, en exaltant l'infini, l'immensité et la vastitude de ce grand « Ténéré blanc », l'incroyable beauté de cet espace si vide qu'il laisse deviner la rotondité de la Terre, etc. Mais parlons plutôt macchabées. Au sud du salar, dans le petit village de San Juan del Rosario, une nécropole abrite des momies assoupies depuis sept ou huit siècles à l'ombre de *chullpas*, des tombes en pierres sèches en forme d'œufs. Une ouverture pratiquée dans la paroi de ces curieux tombeaux permet au visiteur de jeter un œil indiscret sur leurs locataires effondrés dans la poussière. Ces derniers, bons bougres, ne semblent pas en prendre ombrage. Le spectacle de ces momies et autres squelettes branlants met mal à l'aise de nombreux touristes. Le sentiment de voyeurisme est encore plus cuisant lorsqu'on est amené à étudier les petits corps desséchés de jeunes enfants blottis dans le fond d'une poterie ou recroquevillés dans la pénombre d'une tour funéraire. Ces cadavres ont pourtant beaucoup à apprendre aux vivants. Les méchantes loques qui les recouvrent, jadis étoffes luxueuses confectionnées avec soin pour le « grand passage », les mèches racornies sur leurs crânes comme des vers marins agrippés à leur rocher, autrefois longues chevelures soyeuses, les peaux parcheminées qui ont sans doute connu les baisers les plus doux, sont autant de « memento mori » qui nous rappellent la fragilité de la vie et nous invitent à en savourer la moindre goutte. En sortant du petit musée qui jouxte la nécropole, on s'est dit que l'idée d'être exposé dans une vitrine d'ici un bon millier d'années pour l'édification des masses et de la jeunesse méritante n'était pas pour nous déplaire.

Ci-dessus : flamants roses dans la Laguna Hedionda située près du salar d'Uyuni. / Ci-contre : Salar de Uyuni, le plus grand salar du monde.

PRATIQUE

ALLEZ-Y SI

Vous avez envie de beaux ciels bleus, vastes comme des ciels tibétains ; vous avez envie de brouillards hantés par des aigles et des condors ; vous aimeriez une fois pour toutes être capable de faire la différence entre le lama, la vigogne, l'alpaga et le guanaco ; vous ignorez tout de la viscache.

ÉVITEZ SI

Vous espérez découvrir les paradis andins roses et bleus à l'aide d'une bonne chique de coca (vous risquez d'être fort déçu...) ; vous vouez un culte sans faille au président Evo Morales (vous risquez d'être fort déçus...) ; vous souhaitez faire de gros câlins à ces adorables petits lamas qui batifolent dans la puna (vous risquez d'être fort déçu...).

COMMENT Y ALLER ?

A/R Paris–La Paz avec Air France, Avianca ou Qatar Airways : 18 h avec escale.

QUAND PARTIR ?

L'Altiplano, au-dessus de 3 000 m, connaît une saison sèche qui s'étend d'avril-mai à octobre-novembre. Mieux vaut éviter l'hiver austral, très froid, en juillet-août.

Il n'existe pas de site pour l'office du tourisme bolivien.

BRÉSIL

UN PANTANAL, DES ANIMAUX

Le Pantanal, c'est comme un immense marécage qui déborde à la saison des pluies, c'est comme l'Amazonie, mais sans la forêt qui cache tous les animaux, c'est comme un film d'aventure en cinémascope, c'est comme le Far West des cow-boys, c'est comme un rêve d'enfant, c'est comme un chef-d'œuvre de la nature qu'on ne voudrait pas voir en péril.

C'est fou comme le Brésil peut ressembler à la Beauce. Du moins vu du ciel. Par le hublot de l'Airbus qui relie São Paulo au sud du Pantanal tout à l'ouest du pays, je vois défiler très platement sous la carlingue un immense patchwork de champs cultivés. Ici et là, quelques boqueteaux font encore de la résistance sans trop d'illusions sur leur avenir. Après un peu moins de deux heures de vol, voici Campo Grande, la capitale de l'État du Mato Grosso do Sul. Dans le hall de l'aéroport, un grand panneau annonce la tenue d'un *Congreso Internacional de la Carne* en affichant les grasses silhouettes d'un cochon et d'une vache à l'intérieur des frontières brésiliennes. Non merci ! Pas de bétail pour moi, mais des jaguars et des tamanoirs, des aras et des anacondas, enfin s'il en reste, car leur espace vital se rétrécit sous la pression de l'élevage et de l'agriculture intensive.

PANTANAL NOUS VOILÀ !

— ◊ —

Il est plus que temps de quitter la ville pour rejoindre ce Pantanal qui attise les rêves de nature triomphante. Comme *banana* donne en portugais *bananal*, qui signifie plantation de bananiers, *pantano* – le marécage – donne Pantanal, qui désigne une zone de marécages, autrement dit une étendue humide de 240 000 km² essentiellement située au Brésil, mais s'étalant jusqu'au Paraguay et en Bolivie. On n'est plus très loin désormais. Il reste seulement à enquiller 250 km d'une route qui a bien retenu que la distance la plus courte entre deux points est la ligne droite. Quand la voiture tourne enfin pour s'engager sur une piste, c'est qu'on touche au but. Encore un pont de bois à franchir et l'on arrive sur une île cernée par deux bras de la rivière Solobra. Bienvenue au Pantanal. Bienvenue au royaume des oiseaux. Mais d'où sortent-ils tous ? Le faucon à l'affût de quelque grenouille ou lézard, le martin-pêcheur qui se goinfrerait bien un poisson, tous les échassiers en patrouille sur les rives, le fournier roux occupé à construire son drôle de nid à base d'argile, d'herbes sèches et de crottin, les canards à bec rouge volant au ras d'un étang, et puis tous les autres grands ou petits qui se croient au carnaval à en juger par leur plumage excentrique. C'est comme si tous les oiseaux de la création s'étaient donné rendez-vous. « *Si seulement je savais imiter leurs chants, je pourrais attirer les oiseaux* », se lamente Sergio, un *pantaneiro* d'adoption devenu guide. « *Sans ce talent, j'ai le sentiment ici d'être un handicapé.* » Et de rajouter : « *Dans la nature, il n'y a que des sons. Les bruits sont produits par les hommes qui sont peu nombreux dans le coin. Vous verrez, au Pantanal, on devient calme même contre son gré.* » Calme au point de ne pas m'inquiéter de la présence à quelques mètres d'un caïman, qui faut-il le dire, a l'air très relax, pas du genre à se becqueter un touriste à l'heure de l'apéro.

Ci-contre : bateau touristique sur une rivière dans l'État du Mato Grosso do Sul. /
Ci-dessus : le Pantanal à Corumba, dans le Mato Grosso do Sul.

UN AMOUR DE CAÏMAN

— ◊ —

En fait, il s'avère que ce caïman n'est pas seul. Il a plein de copains alentour. Relax eux aussi et qui ont vite fait de se carapater devant un chien qui aboie. Tu parles de terreurs ! Et si on piquait une tête dans la rivière si lisse qu'elle semble immobile. Sergio a beau assurer que l'on n'a rien à craindre des *jacarés* (le nom vernaculaire du caïman), on hésite un peu, lui-même ne faisant pas mine de se préparer à la baignade. Et s'il blaguait ? Quatre courageux se jettent à l'eau. J'en suis. Le courant, invisible depuis la berge, s'avère plutôt vif et frictionne le corps. Un délice. Bien élevés, les sauriens ont disparu sous les jacinthes d'eau pour nous laisser nous ébattre. On ressort de là revigorés et, c'est un soulagement, avec tous nos membres bien en place. Sergio avait finalement raison. Difficile toutefois de ne pas réprimer un frisson en voyant maintenant des caïmans se croiser à l'endroit précis où l'on nageait. Il y en aurait dix millions au Pantanal pour un peu plus de 200 000 habitants. D'après Mauricio, propriétaire d'un lodge, cela explique pourquoi ses compatriotes ne raffolent pas de la région dont les visiteurs viennent à 85 % d'Europe : « Les Brésiliens n'aiment pas les serpents, les *jacarés*, les moustiques et la boue. Ils préfèrent de loin la sensualité de la plage. »

BESTIAIRE

— ◊ —

Ce n'est pas le tamanoir, fruit des amours équivoques d'un entonnoir et d'une balayette, qui s'en plaindra. Tout ce qu'il demande, c'est pouvoir se goberger de termites et de fourmis à l'abri des regards indiscrets. Le jaguar l'attaque quelquefois. Il procède comme il fait d'ordinaire pour un tapir ou un daim, en saisissant entre ses mâchoires la gorge du malheureux, lequel se dresse avant l'assaut sur ses pattes avec une arrière-pensée : se faire égorger, soit, mais il compte retenir le fauve entre ses pattes antérieures en le transperçant de ses griffes capables de défoncer les termitières. C'est ainsi que l'on retrouve parfois les cadavres enlacés du prédateur et de sa victime qui, avant de trépasser a quand même éprouvé une ultime satisfaction : voir de très près un jaguar. Pour ma part, je n'ai pas eu cette chance. Le coin ne devait pas s'y prêter et l'animal est plus que discret. En fait, tous prennent soin de se dissimuler, hormis le caïman qui pullule et le capivara, le plus gros rongeur du monde, gaulé comme un dragster avec son popotin surélevé par rapport à ses épaules qui pâtissent d'être appuyées sur des pattes trop chétives. Ajoutez à cela une tête massive taillée à la machette, un poil hirsute et rêche, il n'en faut pas plus pour douter du charme du bestiau en dépit de ses yeux de biche. N'oublions pas l'ara. Qu'il soit bleu ou qu'il soit rouge, quand un mâle prend une femelle sous son aile et qu'il lui parle tout bas, elle voit la vie en rose. Quand ils s'aiment, c'est pour la vie,

un peu comme dans les contes de fées, sauf qu'ils n'ont pas tant d'enfants que ça. Parfaitement rectiligne, la trajectoire de son vol fait songer à celle d'un avion de ligne. Il ne dédaigne pas se poser au pied de palmiers pour récupérer sur le sol des noix qu'il fracasse avec son bec surpuissant comme si de rien n'était, limite en sifflotant.

LA RIVIÈRE MERVEILLEUSE

– ◊ –

Changement de décor. On quitte en 4 x 4 la lisière du Pantanal pour se diriger vers la Serra de Bodoquena, plus au sud. Au programme, relief plus accidenté, falaises, cascades, grottes et rivières. À plusieurs reprises, on croise des troupeaux de zébus cornaqués par les *peãos* à cheval. Entre novembre et avril, quand les pluies qui s'abattent sur les hauts plateaux finissent par provoquer la grande inondation du Pantanal, ils ne chôment pas. Leur mission : déplacer le bétail par millions avant qu'il ne boive la tasse. La vague impression d'être au Far West ne se dissipe pas en arrivant dans la ville de Bonito, mal finie, aux routes qui se croisent à angle droit, certaines encore en terre. Sur les trottoirs, un hommage singulier est rendu à l'ara. Les téléphones s'abritent en effet sous des cabines qui reproduisent sa forme. Hormis ce détail amusant, rien pour nous retenir ici. Et si on se baignait à nouveau. À une vingtaine de kilomètres, la rivière Sukuri qui se faufile au milieu d'une galerie forestière est bien tentante. En guarani, son nom signifie anaconda. Y en aurait-il dans les parages ? Un coup d'œil à la source d'un incroyable bleu luminescent puis on se glisse dans l'eau en aval, équipé d'une combinaison, d'un masque avec tuba et d'un gilet de flottaison. Ne reste plus alors qu'à se laisser porter par le courant pendant quasiment une heure, le temps d'un long travelling en cinémascope. Dans une barque, un guide nous escorte. Sous la surface, d'interminables herbes ondulent, comme envoûtées par le charme d'une bossa nova qui laisserait de marbre daurades, pacus, piraputangas, tous poissons très sérieux qui ne quittent pas leur banc. Une loutre géante qui passait par là a vite fait de disparaître. Voici déjà le ponton qui va mettre fin à l'émerveillement. Il faut sortir. Dans les frondaisons, quelques singes jouent aux acrobates en poussant des cris.

Ci-dessus : toucan. / Nénuphar géant. / Perroquets bleus. / Caïman.

PRATIQUE

ALLEZ-Y SI

Vous aimez les gazouillis des oiseaux ; vous trouvez un certain charme aux gros rongeurs ; vous nagez plus vite que les caïmans ; vous voulez voir une nature comme au premier jour du monde.

ÉVITEZ SI

Vous rêvez de vous perdre dans la jungle ; vous aimez les caïmans quand ils ont la forme d'un sac à main ; vous ne vous baignez que dans les piscines ; vous préférez entre tous les oiseaux le pigeon de ville grisâtre.

COMMENT Y ALLER ?

A/R Paris–São Paulo avec TAM Airlines (12 h). Prendre ensuite un vol intérieur jusqu'à Campo Grande : 1 h 45.

QUAND PARTIR ?

La meilleure période va de mai à septembre, quand l'eau des inondations en se retirant favorise la concentration des animaux.

AVEC QUI PARTIR ?

Heartourism est un groupe de guides brésiliens qui organise des voyages sur mesure au Pantanal (et en Amazonie) au plus près de la nature et des populations. www.heartourism.com.

Ci-contre : coucher de soleil coloré sur le Pantanal.

CANADA

HEUREUX COMME UN CANARD AU YUKON

De grands espaces, des forêts à l'haleine fraîche, de l'or en paillettes, des hommes et des canards résolus, de tendres élans et des élans de tendresse, c'est tout cela, le Yukon, et sans doute plus encore. Petite virée « into the wild ».

Le Yukon, c'est un territoire grand comme l'Espagne peuplé de 3 000 humains, 70 000 élans, 10 000 ours noirs et 7 000 grizzlis… Cela fait forcément chauffer l'imagination de ceux qui ont soif de nature absolue. Chaque année, des personnes en délicatesse avec la société, la justice ou simplement eux-mêmes partent se dissoudre dans le grand vert. On vient se faire oublier de l'État, de la loi et de la terre entière. Les frontières de la forêt sont si hermétiques que les Yukonnais parlent d'« outside » pour désigner le reste du monde. « *Il y a beaucoup de jeunes qui viennent se refaire le trip "Into The Wild" et qui disparaissent. On ne sait pas vraiment s'ils sont morts où s'ils jouent aux ermites dans un coin de forêt* », explique Maxime, venu lui aussi pour profiter de cette formidable bouffée de nature. Mais il a préféré fonder une agence de tourisme d'aventure plutôt que de se faire digérer par les sapins. Avec sa compagne Miléna, il organise des treks ou des balades en canoë à la découverte du bush. Le lac de Snafu, au sud de Whitehorse, est l'un de leurs sites favoris. Les épinettes se penchent au-dessus de l'eau immobile comme si elles voulaient s'y noyer. Un martin-pêcheur d'Amérique, sans doute en retard pour un rendez-vous, zèbre la rive d'un long filet bleu métallique. Non loin, un pygargue à tête blanche s'acharne à récurer la carcasse d'un brochet d'un bon mètre de long. Sans doute n'a-t-il pas prêté attention aux nombreux panneaux exigeant de relâcher les poissons de plus de 75 cm. Ses missions passées à la LPO (Ligue pour la protection des oiseaux) ont conféré à Maxime des pouvoirs troublants, comme celui d'être capable de nommer toute bestiole emplumée croisant dans un rayon de 2 km. Busard des roseaux, balbuzard pêcheur, grèbe esclavon, plongeon-huard, fuligule à collier… rien n'échappe à son œil d'aigle. De son côté, Miléna s'est prise d'affection pour les mammifères semi-aquatiques, et notamment la loutre, qu'elle étudie pour le compte de la Wildlife Conservation Society. Hélas, ce matin, pas la moindre épreinte à se mettre sous le nez. Même chose pour le castor, aux abonnés absents ou en tournée de bûcheronnage. Le canoë passe bientôt près d'une hutte. On imagine la bête bien au sec sous ce fatras de branchages, à l'abri de ce vilain crachin, occupée à lire le journal en fumant la pipe.

Ci-contre : la Endless Dempster Highway près du cercle arctique. / Ci-dessus : le Tagish Lake, près de Carcross.

IL ÉTAIT UNE FOIS DANS LE GRAND NORD

— ◊ —

En 1898, une fois passées les montagnes, les chercheurs d'or embarquaient avec leur barda sur des radeaux de fortune et descendaient le Yukon sur plus de 500 km jusqu'au confluent avec le Klondike. Il y avait là une charmante petite tourbière d'épinettes où les Indiens avaient l'habitude de camper quand ils pêchaient. En moins de deux ans, cette paisible thébaïde s'était métamorphosée en une formidable ruche de 30 000 habitants, Dawson City, complète avec ses bicoques dépareillées, ses tentes de mineurs, mais aussi ses théâtres, bastringues, dancings, salles de jeu et autres saloons où les prospecteurs encore couverts de boue venaient échanger leurs paillettes d'or contre un verre de whisky ou un peu de tendresse. Les longues ténèbres de l'Arctique y rendaient propices le stupre et la débauche. Dans cette Gomorrhe du Grand Nord, les femmes n'avaient d'autre recours que de lever la jambe, tantôt pour la danse, tantôt pour la gaudriole. Je suis bien certain que l'Oncle Picsou n'a jamais fréquenté ces lieux de perdition. Une ruée vers l'or porte en soi le germe de son propre déclin. Bientôt, la fièvre s'est déplacée vers Nome, en Alaska, où quelques pépites avaient fait surface. Dès 1914, Dawson ne comptait déjà plus que 3 000 habitants. Il n'en reste même plus la moitié aujourd'hui, la ville n'est plus la capitale du Yukon depuis 1953, mais un esprit « last frontier » flotte encore dans les rues flanquées de façades en bois. Entre les enseignes de cabarets et de saloons, des panonceaux d'interdiction de stationner font savoir sur un ton viril que tout contrevenant sera castré. Les danseuses de french-cancan du casino ont la gambette toujours aussi légère. Au Downtown Hotel, les gens font la queue pour s'enfiler cul sec un verre de whisky avec dedans un véritable orteil humain. À l'origine, c'était celui d'un contrebandier qui en 1920 s'était coupé le doigt de pied à la hache pour éviter la gangrène, mais un consommateur indélicat l'a tout simplement gobé il y a quelques années. Le nouvel appendice, venu d'on ne sait quelle morgue, ressemble à un gros radis tout noir et donne l'occasion aux touristes de montrer à l'assistance ébaubie qu'ils ont de l'estomac. Près de 55 000 gogos se sont déjà pliés à l'exercice. À 25 $ le shot, l'esprit « last frontier » semble avoir cédé la place à l'esprit « business ».

AU NORD DU SOLEIL

— ◊ —

Encore un peu plus au nord, encore un peu plus de sauvage. La Dempster Highway, la route la plus septentrionale du Canada, prend son élan un peu à l'est de Dawson et s'engouffre par une fente verticale dans de glorieuses futaies d'épinettes et de trembles. C'est le parc territorial de Tombstone. Un nom qui claque comme un vieux western, des paysages qui explosent comme sur un écran Imax. Au loin, les grands granites découpent sur un ciel incertain des arêtes anguleuses comme un profil indien. Les montagnes rabotées jusqu'à l'os par des glaciers qui ont connu les mammouths et les rhinocéros laineux ont été repoussées jusqu'aux limites de l'horizon. Pendant que le vent fait galoper les nuages à tombeau ouvert, la forêt boréale peu à peu prend son congé, les arbres battent en retraite en ordre dispersé, et se rabougrissent au point qu'on finit par leur marcher dessus. Les pieds s'enfoncent bientôt dans une épaisse moquette de saules et de bouleaux nains, une génoise de lichens et de mousses où l'on se roulerait volontiers si elle n'était autant gorgée d'eau. C'est la toundra subarctique. Il suffirait de poursuivre cette piste de gravier sur moins de 700 km pour rejoindre Inuvik, le delta du Mackenzie, la mer de Beaufort et les ours blancs. Je me demande si Picsou est allé barboter dans le coin...

Ci-dessus : ours noir rencontré près de Whitehorse. / Orignal dans un pré au bord de la rivière, à Tagish. / Dawson City. / Route d'hiver. / Ci-après : lac Kathleen, à Haines Junction.

UN ESPRIT « LAST FRONTIER » FLOTTE ENCORE DANS LES RUES FLANQUÉES DE FAÇADES EN BOIS.

PRATIQUE

ALLEZ-Y SI

Vous avez envie d'envoyer le monde se faire voir et de vous installer loin des hommes et de leurs lois (de nombreux touristes n'en sont jamais repartis) ; vous voulez vous trouver vous-même, comme Jack London (« *It was in the Klondike that I found myself* »).

ÉVITEZ SI

Vous voulez partir sur les traces du héros du film *Into The Wild* et retrouver le Magic Bus 142, l'abri où il a passé ses derniers instants (il se trouve en Alaska, du côté de Fairbanks).

SITUATION

Le Yukon est le plus petit des trois territoires canadiens (les deux autres étant les Territoires du Nord-Ouest et le Nunavut). En 2013, il comptait 36 500 habitants (dont les deux tiers à Whitehorse, la capitale) sur une surface équivalente à près de 90 % de celle de la France. 21 % des habitants sont des « Premières Nations ». Le fleuve Yukon prend sa source en Colombie-Britannique, traverse tout le territoire et se jette dans la mer de Béring au terme d'une course de 3 200 km.

COMMENT Y ALLER ?

Seuls des vols avec escale desservent le Yukon depuis la France. Liaisons avec Air Canada, KLM, Lufthansa, Air France (deux escales, dont Vancouver).
Pour un séjour de moins de six mois, il n'y a pas d'obligation de visa. Toutefois, toute personne exemptée de visa doit demander, suffisamment à l'avance, une autorisation de voyage électronique (AVE) qui coûte 7 CAD.

QUAND PARTIR ?

En été pour la randonnée ; ou alors en hiver, entre novembre et mars, pour observer les aurores boréales ou pratiquer des excursions en raquettes, traîneau à chiens, motoneige...

Plus d'infos :
Association franco-yukonnaise, le site de la communauté francophone du Yukon : www.afy.yk.ca.
Le site officiel de la Commission canadienne du tourisme France : www.keepexploring.fr.

SIERRA NEVADA, LES AVENTURIERS DE LA CITÉ PERDUE

Dans la sierra Nevada de Santa Marta, les vestiges précolombiens d'un village tayrona retrouvés par hasard dans les années 1970 sont aujourd'hui l'objet d'un fameux circuit de randonnée, au cœur d'une forêt qui fut naguère le théâtre de luttes acharnées et d'obscurs trafics.

La forêt subtropicale humide est sûrement l'un des endroits les plus bruyants au monde. Cigales et autres insectes mystérieux y font chaque jour un vacarme à s'en faire péter les élytres. À cela s'ajoute le barouf incessant des oiseaux – le ramage diront les poètes – qui s'époumonent en querelles de voisinage.

Ci-contre : montagnes de la sierra Nevada de Santa Marta sur le chemin de la Cité perdue. / Ci-dessus : ruines anciennes au cœur de la jungle colombienne.

CHEZ NOS « GRANDS FRÈRES » LES KOGIS

Après une demi-douzaine de rivières et autant de vilaines suées, les cases à chapeau pointu du hameau de Mutanzhi émergent dans l'éblouissement d'une clairière. Une communauté d'Indiens Kogis, descendants de la civilisation des Tayronas (cf. encadré), s'est installée là. Un peuple émouvant, profond comme un puits, en recherche permanente d'équilibre : équilibre avec soi-même, avec les autres, avec la terre Mère. Devant les maisonnettes en bois, des bottes en plastique attendent le pied de leur propriétaire. Une lessive fraîchement étendue s'égoutte au-dessus d'une truie ensommeillée. Les enfants vêtus de leurs tuniques blanches glissent sans bruit entre les cases comme de gentils fantômes. En lisière du village, le *mamu* Romaldo, autorité spirituelle de cette communauté, tient conseil sous un bouquet de palmiers. À ses côtés, ses deux épouses absorbées dans le tissage d'un *mochhila*, ce petit sac à rayures porté sur le côté en bandoulière par les hommes, dans le dos, avec la lanière sur le front par les femmes. Les lèvres dégoulinantes de jus de coca, le chaman, aussi sec que la momie de Rascar Capac, consent à répondre à quelques questions. On apprend ainsi qu'il a passé 18 ans auprès de son père pour s'initier au copieux savoir ésotérique de la fonction, et qu'âgé de 49 ans, il cherche aujourd'hui son successeur, qui devra être formé de la même façon, au fil d'un long et complexe compagnonnage. Il insiste sur son rôle de gardien de la Terre, cette Terre blessée par l'hémorragie qu'on lui fait subir en arrachant son pétrole ou son charbon, malade de la pollution qui souille les airs et les rivières. Et puis soudain, il rompt l'entretien avec toute l'autorité d'un ministre ayant d'autres dossiers sur le feu. Le *mamu* Romaldo estime en avoir assez dit. Il faut reconnaître qu'il a du pain sur la planche : sauver la Terre n'est pas chose aisée. Les « petits frères » – c'est ainsi que les Kogis nous appellent, nous autres Occidentaux, aussi irresponsables qu'une classe d'adolescents – reprennent, honteux et penauds, le long chemin de la Cité perdue.

LA CITÉ PERDUE

Perdue pour les envahisseurs venus de l'autre côté de l'océan, mais pas pour les Indiens, qui ont toujours connu l'existence de ces ruines emmitouflées de jungle. Et ils se sont bien gardés d'en révéler l'existence. Ce n'est qu'en 1976 que l'homme blanc « découvre » le site, quand deux pilleurs de tombes qui remontaient le Buritaca tombent complètement par hasard sur d'intrigantes marches de pierre partant à l'assaut de la montagne. Le cœur battant la chamade, ils suivent le formidable escalier qui les mène, ahuris et pantelants, jusqu'aux vestiges d'une cité tayrona abandonnée vers la fin du XVIe siècle. Ces mêmes marches, couvertes d'une pellicule de mousse traîtresse, sont toujours l'unique moyen d'accès.

Ci-dessous : homme Kogi transportant des marchandises sur la route de la Cité perdue.
Ci-contre : petite hutte kogi traditionnelle dans la région de Tayrona. / Escalier principal en pierre. / Enfant Kogi.

PERDUE POUR LES ENVAHISSEURS
VENUS DE L'AUTRE CÔTÉ DE L'OCÉAN,
MAIS PAS POUR LES INDIENS,
QUI ONT TOUJOURS CONNU
L'EXISTENCE DE CES RUINES
EMMITOUFLÉES DE JUNGLE.

Des types dont c'est probablement le métier se sont amusés à en compter plus de 2 000. Dans un extraordinaire décor de fougères arborescentes et de palmiers tagua, les archéologues ont dégagé les terrasses qui jadis supportaient les maisons tayrona, semblables en tout point à celles aperçues à Mutanzhi. Ils ont restauré sans mortier ces soubassements circulaires et ont ainsi reconstitué la structure de la ville telle qu'elle était quand ses 2 000 habitants l'ont progressivement abandonnée à cause des épidémies de variole, typhus et autres rubéoles charriées par les Espagnols. Les Tayronas, qui suite à cet exil se scindèrent en plusieurs peuples – dont les principaux sont devenus les Kogis, Wiwas, Aruacos –, ne juraient que par les courbes, les sinuosités, ménageant de grands espaces entre les édifices ronds, aux antipodes de notre urbanisation quadrillée de lignes droites et de perpendiculaires, où l'espace se doit d'être occupé au maximum. Au loin, une cascade suicidaire se jette d'une falaise noyée de verdure. Et là-bas, sous les larges feuilles des yagrumos, un petit sentier étouffé par la verdure s'enfonce à flanc de montagne en direction d'El Tigre, une autre cité encore plus perdue, à 4 heures de marche, et qui n'a pas encore été dégagée. Il y aurait ainsi 25 autres villages disséminés dans la vallée du Haut Buritaca sous un épais manteau de forêt. On aurait presque envie de continuer, machette à la main.

Ci-dessous : famille Kogi sur la route de Cité perdue. / Ci-contre : ruines cachées.

TEYUNA, LA CITÉ RETROUVÉE

Quand, en 1498, l'explorateur Gonzalo Fernandez de Oviedo jette l'ancre dans la baie de Santa Marta, il y a sans doute près de 250 villages indiens dispersés depuis la côte jusque dans les hauteurs de la sierra. Tous sont habités par les Tayronas, l'un des peuples précolombiens les moins étudiés, et pourtant l'un des plus fascinants. Les Espagnols mettront près d'un siècle pour contrôler la région et éradiquer cette société complexe et paisible qui cultivait haricots, maïs, manioc et patates douces sur les pentes de ses montagnes. La fameuse « Cité perdue », Teyuna de son vrai nom, est l'un des derniers villages à avoir été habité, jusque dans les années 1600, quand pour fuir les maladies introduites par les Conquistadors, les survivants ont décidé de se réfugier encore plus loin dans la forêt. Étagé entre 900 et 1 200 m d'altitude, le site se présente comme une succession de plates-formes, vestiges de maisons ou de centres cérémoniaux, reliées par de petits chemins dallés. Teyuna semble avoir été habitée depuis au moins le VIIe siècle. Seuls 40 % des vestiges ont été mis au jour.

PRATIQUE

ALLEZ-Y SI

Vous avez la machette qui vous démange ; vous avez envie de vous lancer dans l'élevage de tiques, des bêtes affectueuses et faciles à nourrir ; votre expérience de marin au long cours ou d'amateur de sieste au fond du jardin vous a appris à dormir à poings fermés dans un hamac.

ÉVITEZ SI

Vous rêvez de grandes conversations à bâtons rompus avec des Indiens Kogis ; vous éprouvez le besoin de changer de chemise à la moindre suée ; vous pensez que la coca est une boisson à bulles rafraîchissante.

COMMENT Y ALLER ?

A/R Paris–Bogota avec Air France, 11 h. Puis vol Bogota–Cartagena avec Avianca.

QUAND PARTIR ?

La saison sèche sur la côte caraïbe dure de fin décembre à fin avril. La région jouit alors d'un bel ensoleillement, même s'il pleut toujours un peu sur le sud et la frontière avec le Panama. Pendant la saison des pluies, de grosses averses tombent l'après-midi ou dans la soirée.

Plus d'infos : www.colombia.travel/fr.

COSTA RICA

OSONS OSA !

Baignée par les eaux du Pacifique, trempée à longueur d'année par des pluies diluviennes, camouflée sous une épaisse forêt tropicale, ne comptant qu'une brève route bitumée, très peu d'habitants et quantité d'animaux sauvages, voici la péninsule d'Osa. Une contrée belle et farouche, où il vaut mieux venir avec des bottes de caoutchouc.

Tournant le dos à la capitale San José et au volcan Irazú (3 432 m), le plus haut du pays, le Cessna C-208 met le cap vers le sud-ouest. Guilleret, le petit avion de brousse frôle les crêtes ondoyantes des montagnes tapissées de verdure. Déjà on aperçoit la côte Pacifique où l'océan, en s'affalant au bout d'une immense course, dépose une corolle d'écume. Puis le relief s'adoucit franchement. On compatit à la douleur d'un fleuve aux eaux marronnasses contraint de se livrer aux pires contorsions pour trouver sa pente jusqu'à l'estuaire. Une poignée de minutes plus tard, les roues touchent le tarmac de l'aérodrome de Palmar Sur. Pas fâchés d'avoir emprunté les airs pour rallier ce coin perdu du Costa Rica. À vrai dire, il reste de la route. Il faut encore rouler en 4 x 4 jusqu'à Sierpe, un village qui baille d'ennui en regardant à longueur de journée couler le fleuve du même nom : Sierpe. Étape suivante : descendre le fleuve, dont le nom espagnol laisse à penser qu'il serpente. Eh bien, qu'il serpente ! La seule chose qu'on lui demande est de nous conduire jusqu'à la péninsule d'Osa.

EN DESCENDANT LE SIERPE

— ◊ —

On largue les amarres. Marée basse : les palétuviers de la mangrove se dressent sur leurs gambettes grêles et arquées comme s'ils craignaient le contact de l'eau. Sur la rive mise à nu, un crocodile se fait dorer la couenne. C'est un crocodile américain, un gringo qui, à l'âge adulte, peut mesurer jusqu'à 7 m, mais cela arrive rarement dans les parages, car les gens n'hésitent pas à tuer un animal dont la taille est jugée excessive. Pas question que la grosse bête finisse par en manger une plus petite à l'occasion d'une rencontre fortuite. Plus loin, quelques capucins font les guignols dans un arbre, en secouent les branches comme s'il s'agissait d'un vulgaire prunier. Ces énergumènes, sont considérés comme les singes les plus intelligents d'Amérique du Sud. À quoi le voit-on ? Le capucin mord dans les citrons pour en recueillir le jus et s'en servir comme anti-moustique. Pour casser des noix ou des huîtres, il utilise une pierre, on n'en attendait pas moins de sa part. Le détour par un bras mort du Sierpe est l'occasion d'apercevoir un lézard d'une bonne cinquantaine de centimètres en train de galoper comme un fada à la surface lisse de l'eau, prouesse qui lui vaut le surnom de lézard Jésus-Christ. Dans un arbre creux, un couple d'aras a fait son nid, des aras dits rouges bien que leurs plumes soient également jaunes, bleues et turquoise, des faux jetons en somme, mais de vrais romantiques qui s'épousent pour la vie et elle dure longtemps : quatre-vingts ans. Nous voici à l'embouchure du fleuve. Fin du safari au fil de l'eau.

Ci-contre : pont suspendu dans le parc national du Corcovado. / Ci-dessus : parc national du Corcovado.

PAS SI PACIFIQUE PACIFIQUE

— ◊ —

Comme l'impression que les choses se gâtent. Au débit paisible du Sierpe a succédé la rage froide de l'océan. À la barre, Juan annonce d'emblée qu'il n'est pas sûr de pouvoir couper à travers la baie de Drake pour rejoindre la péninsule. Il faut attendre en se faisant ballotter à la lisière de la houle démente qu'une vague baisse la garde. Après vingt minutes passées à tournicoter, Juan voit soudain l'ouverture et pousse à fond son moteur Yamaha. Le bateau se cabre puis bondit vers l'avant en se jouant des récifs aiguisés comme des couteaux. On se rapproche à grande vitesse de collines escarpées dégoulinantes de végétation, exactement les mêmes que celles que l'explorateur anglais Francis Drake a dû voir en 1579 quand il a mouillé dans la baie qui allait prendre son nom. C'est ça, la péninsule d'Osa, un bout de terre isolé qui a gardé le goût sauvage des origines. Un bout de terre où tombent presque tout au long de l'année des seaux d'eau. Au moins a-t-on vite fait de comprendre pourquoi la forêt tropicale humide est si resplendissante. Pour éviter de se dissoudre sous les déluges à répétition, une cape de pluie est indispensable. Il est préférable par ailleurs d'avoir une bonne paire de bottes, car tongs comme baskets s'avèrent vite inadaptés quand il faut marcher dans la boue onctueuse. Débarquement à Agujitas, un petit village bien peinard qui ne craint ni la moiteur collante ni l'ennui écœurant, un petit village typique de la péninsule d'Osa.

RANDO DANS LE CORCOVADO

— ◊ —

Des bottes, un parapluie, une chemisette bien repassée, Neftali Chavarria Villagra est fin prêt pour une excursion matinale dans le parc national du Corcovado, le joyau des forêts tropicales humides du Costa Rica. Neftali est guide. Il habite Dos Brazos, le village de l'or depuis toujours. « *Quand l'État a interdit l'orpaillage en 1982*, explique-t-il, *500 personnes en vivaient dans la zone du parc. Du jour au lendemain, la police a détruit leurs maisons. Les familles ont été déplacées sans recevoir aucune indemnité. Les chercheurs d'or pour la plupart analphabètes n'ont eu d'autre choix pour survivre que de continuer à travailler dans l'illégalité. Moi-même, j'ai cherché de l'or jusqu'à l'âge de 27 ans. J'ai arrêté à cause de mon dos. J'avais trop mal. Avec mes économies, j'ai pu me payer la formation de guide.* » Aujourd'hui, Neftali a 31 ans. Il est devenu le premier guide de Dos Brazos. Une vingtaine d'autres habitants ont depuis suivi sa voie. Mais assez parlé d'or sous les fromagers (*ceiba*), ces géants de la forêt aux racines saillantes plus hautes qu'un homme et dont la tête se hisse bien au-dessus de la canopée à 70 m au-dessus du sol. Où se cachent les tapirs, les pécaris, les singes hurleurs, les tamanoirs, les jaguars ? On ne voit pas la queue d'un ! Neftali explique : « *Le jaguar est très discret. Je n'en ai aperçu qu'un seul, et encore que son flanc, juste avant qu'il disparaisse derrière les feuillages. Il en reste moins d'une cinquantaine dans le parc. Il faut beaucoup de chance pour en observer un.* » On marche donc longtemps sans rencontrer un jaguar ou un quelconque animal à poils. La déception pointe quand, tout à coup, au milieu du sentier, on pile à deux mètres d'un *terciopelo* (vipère fer-de-lance) à peine visible sur un lit de feuilles mortes. Il n'a pas l'air commode. Pas du genre à battre en retraite. Il juge la situation en balançant sa grande tête plate triangulaire. « *Par qui je commence ?* » semble-t-il se demander. Neftali s'est emparé d'un bâton et nous fait reculer : « *Ce serpent est très agressif et sa morsure est mortelle si vous ne recevez pas d'antidote dans les trois heures.* » On est trop loin pour tenir le délai, ce n'est vraiment pas le moment de l'irriter. Le guide finit par le chasser. La route est libre. C'est d'un pas plus vif que nous rentrons en jetant des petits coups d'œil inquiets vers les buissons qui jalonnent le chemin. Merci quand même au *terciopelo*, sans lui la balade aurait manqué de piquant.

Ci-contre : colibri. / Perroquet en vol. / Parc naturel côtier du Corcovado. / Plage, péninsule d'Osa. / Tapir dans le parc national du Corcovado.

PRATIQUE

ALLEZ-Y SI

Vous avez une furieuse envie de débiter un fromager (*ceiba*) à coups de machette ; vous rêvez de descendre en bateau une rivière infestée de crocodiles ; vous ne concevez pas un apéro sans une calebasse pleine à ras bord de chicha (alcool de maïs fermenté) ; vous êtes un herpétologue amateur en quête de rencontres piquantes.

ÉVITEZ SI

Vous comptez surprendre au cœur de la jungle par une nuit de pleine lune un jaguar en train de se faire les crocs sur un tapir devant une assemblée bruyante de singes hurleurs tandis qu'un toucan s'empare des œufs d'un vieux couple d'aras rouges et s'en va les gober sur les branches supérieures d'un *ceiba* ; vous envisagez de vous promener dans une forêt tropicale très, très humide en chaussures.

COMMENT Y ALLER ?

A/R Paris–San José avec Air France : 11 h 30 de vol.

QUAND PARTIR ?

Les mois les plus secs sont les mois de mars et d'avril, ce qui ne signifie pas qu'il ne pleuvra pas. La péninsule d'Osa est avant tout une région pluvieuse, où les orages éclatent sans crier gare.

Plus d'infos : https://fr.visitcostarica.com/.

Ci-contre : coucher de soleil à l'entrée du parc national du Corcovado.

ÉQUATEUR

GAGA DES GALÁPAGOS

À bord du Santa Cruz II, *nous voguons d'île en île à travers l'archipel des Galápagos pour rencontrer iguanes, tortues, otaries, fous, frégates, requins… Une odyssée qui nous rappelle celle de Charles Darwin, effectuée il y a près de deux siècles.*

En accord avec le dicton « Les voyages forment la jeunesse », Robert Darwin autorisa son fils, Charles, 22 ans, à monter à bord du *Beagle*, un voilier qui appareillait pour un voyage de cinq ans autour du monde dans le but d'explorer les côtes et d'en dresser la cartographie. Après avoir abandonné des études de médecine (il ne supportait pas la vue du sang), le jeune Charles avait entrepris des études de théologie. Son avenir était tracé, il serait pasteur. C'était sans compter sur le hasard. Robert FitzRoy, le capitaine du *Beagle*, cherchait un naturaliste pour l'accompagner ; or Charles, tout en pensant à Dieu, avait poursuivi en parallèle un cursus en géologie et botanique. Comment refuser pareille opportunité ? De son côté, le Seigneur avait déjà beaucoup de serviteurs, tandis que la science bouillonnante du XIXe siècle réclamait des esprits aiguisés. La raison comme la déraison commandaient de partir à l'aventure sur-le-champ. La religion allait perdre un cureton, mais la science allait gagner un génie. Dire que si Charles Darwin n'avait pas largué les amarres le 27 décembre 1831, si au cours de son périple, il n'avait pas fait un crochet par l'archipel des Galápagos, si sur place, il n'avait pas constaté que les pinsons vivant sur les différentes îles de l'archipel avaient des becs de formes et de tailles différentes selon le type de nourriture le plus présent sur l'île, alors il n'aurait pas conçu de manière encore confuse l'embryon de la théorie de l'évolution des espèces et de la sélection naturelle ! Et sans théorie pour faire connaître universellement les Galápagos, personne ne brûlerait d'y aller faire un tour aujourd'hui.

Ci-contre : figuiers de barbarie. / Ci-dessus : îles Galápagos.

NO SMOKING

— ◊ —

Heureux qui comme le visiteur marche dans les pas de Darwin et rencontre les mêmes animaux, toujours aussi indifférents à la présence d'un promeneur. Darwin s'étonnait de l'absence de timidité des oiseaux : « *Tous s'approchent de vous d'assez près pour qu'on puisse les tuer à coup de baguette, on peut même les prendre avec un chapeau ou une casquette. Le fusil vous est presque une arme inutile dans ces îles.* » Un fusil ! Tu parles, Charles ! De nos jours, descendre sur une île avec une arme est évidemment interdit. Fumer n'est pas davantage permis. Un passager allemand qui un jour tirait sur sa pipe en retrait de la plage se fit vertement tancer. Il râla, mais n'eut pas le dernier mot. Peut-être fut-il menacé d'être privé de dessert et de vin rouge s'il n'obtempérait pas. Il n'avait donc plus le choix, la perspective de passer des repas en tête-à-tête avec sa femme pour le restant de la croisière étant intolérable sans le réconfort d'une pâtisserie ou d'une bouteille. Parfois, sur un bateau, des drames secrets se nouent, dont on perçoit à l'heure du dîner des ondes fugaces.

LA VIE DES BÊTES

— ◊ —

En tout cas, les fous à pieds bleus de San Cristobal, Española ou d'ailleurs ne seront plus importunés par des fumées de tabac. Ceux-là sont vraiment impayables avec leurs pieds qui en plus d'être plats, semblent avoir été trempés dans un pot de peinture bleue quasiment fluo à l'issue d'une de ces soirées ponctuées par un pari débile. Et il faut les voir marcher, ces zigotos, aussi embarrassés avec leurs pieds qu'un homme-grenouille qui sortant de l'eau aurait conservé ses palmes pour traverser une plage. Chaque pas, très raide, très haut, s'accompagne d'une oscillation complète du corps, à gauche, à droite, à gauche, à droite… Alors on se pose la question : sont-ils à jeun, ces volatiles ? On voudrait leur conseiller de prendre exemple sur leurs cousins à pieds rouges aux mœurs plus policées. Quand ils ne tanguent pas, les fous à pieds bleus posent leurs popotins tout simplement par terre et regardent passer les humains venus jusque-là par poignées pour les contempler. Dans leur œil rond, ni surprise, ni irritation, mais plutôt une franche indifférence. Installés au mitan d'un sentier, ils ne bougeront pas d'un pouce à leur passage. « *J'y suis, j'y reste* », telle est leur devise, reprise en chœur par les otaries qui passent leurs journées à se la couler douce, affalées sur le sable ou plus rarement sur les rochers. Lorsque le désir d'exposer au soleil une autre part de leur anatomie grassouillette vient les titiller, elles roulent sur elles-mêmes puis se remettent à rêvasser à des pêches miraculeuses qui étofferont leur couenne. L'animal n'est pas farouche, loin de là, aussi à l'aise sur une île déserte que dans un port où, sans vergogne, il squatte les passerelles, les jetées et les bancs. Étant donné qu'un mâle pèse dans les 250 kg, ne comptez pas le convaincre de céder sa place. Comme disait Audiard : « *Quand les types de 130 kilos disent certaines choses, les types de 60 kilos les écoutent.* »

Ci-dessus : navire de croisière *Santa Cruz II*. / Ci-contre : cactus et iguane terrestre des Galápagos. / Plage. / Iguane terrestre endémique des îles Galápagos. / Tortue géante des Galápagos.

HEUREUX QUI COMME LE VISITEUR MARCHE DANS LES PAS DE DARWIN ET RENCONTRE LES MÊMES ANIMAUX, TOUJOURS AUSSI INDIFFÉRENTS À LA PRÉSENCE D'UN PROMENEUR.

CHACUN SON ÎLE

— ◊ —

À part ça, les otaries sont d'un naturel jovial, n'hésitant pas quelquefois à sauter à bord du canot pneumatique qui plusieurs fois par jour emmène les passagers sur les îles pour une exploration ou dans une baie pour une plongée masque-tuba en compagnie des requins, tortues, carangues bleues, perroquets bleus, chirurgiens à queue jaune, poissons-flûtes, demoiselles royales… Car, la croisière n'est pas là pour s'amuser ; elle explore. Avant chaque dîner, les haut-parleurs installés dans chaque cabine, chaque coursive, chaque salle convient donc les « explorateurs » à une réunion d'information au cours de laquelle on passe en revue le programme du lendemain : destination, horaires, itinéraire, relief, niveau de difficulté de la randonnée et faune, chaque île ayant une spécialité. Celle de Seymour Nord est connue pour accueillir les frégates lors de la période de reproduction au cours de laquelle les mâles, pour séduire les femelles, gonflent à bloc une poche écarlate située sous le cou et poussent par intermittence un cri perçant propre à stimuler les hormones. Il y a du Tarzan chez cet emplumé, il ne lui manque plus que des bras pour tambouriner rageusement sur ses pectoraux de circonstance, dont le volume extravagant fait frissonner d'aise Jane qui déjà extrapole. C'est comme ça. Pour qui possède une envergure frisant les 2,5 m, faire monter sa promise jusqu'au septième ciel relève de la routine. Sur l'île de Sante Fé et uniquement sur l'île de Santa Fé, on trouve l'iguane de Santa Fé qui ressemble comme deux gouttes d'eau à l'iguane terrestre : l'air hautain d'un lord, la démarche compassée d'un garde suisse, le dynamisme d'un sénateur, le regard torve, la bedaine traînant par terre, la crête dorsale au garde-à-vous, tout pareil sauf la couleur. La sienne tire vers un jaune ocre très répandu sur les façades des maisons de Toscane. Parlez-lui de l'Italie, il vous répondra : « *Que c'est triste Venise. Plus me plaît ma petite île de Santa Fé semée de cailloux que les pavés du pont du Rialto, plus me plaît mon petit terrier que le palais des Doges, plus un plat de cactus raquettes qu'une assiette de spaghetti.* » Darwin ne pensait pas autrement, qui après sa grande circumnavigation et sa découverte des Galápagos, s'installa dans un village du Kent pour ne plus jamais en bouger et publier sa théorie de *De l'origine des espèces par la sélection naturelle*, l'un des livres scientifiques les plus influents de l'histoire de l'humanité. C'est le risque avec les Galápagos : rester sous leur merveilleuse emprise et ne plus vouloir évoluer –, un comble, n'est-ce pas ?

PRATIQUE

ALLEZ-Y SI
Vous avez un faible pour les tortues XXL ; le seul nom de Galapàgos a toujours excité votre imagination ; les fous à pieds bleus vous font marrer.

ÉVITEZ SI
Vous ne croyez pas à la théorie de l'évolution ; vous craignez de marcher sur une otarie vautrée sur un plage ou un ponton ; les croisières vous ennuient.

COMMENT Y ALLER ?
A/R Paris–Quito (14 h 25) avec Air France.
A/R Quito–Baltra (2 h 10) avec Latam Airlines.

QUAND PARTIR ?
Les températures sont agréables toute l'année. Les températures moyennes s'échelonnent de 26 °C (juin) à 31 °C (janvier). La meilleure période se situe entre juin et octobre. Les mois les plus pluvieux sont : mars, février et mai.

AVEC QUI PARTIR ?
Laissez-vous tenter par une croisière avec Hurtigruten Expédition : huntigruten.com.

Plus d'infos : https://ecuador.travel/fr.

Page de gauche : iguanes marins des Galápagos, île de Santa Cruz. / Ci-contre : panorama des îles Galápagos. / Otaries allongées sur le sable. / Fou à pieds bleus.

ÉTATS-UNIS

ARIZONA, IL ÉTAIT UNE FOIS DANS L'OUEST

Une vallée monumentale, un Grand Canyon vraiment très grand, des cactus géants, des déserts impitoyables, d'épaisses forêts de pins : on dirait le décor d'un western, on dirait l'Amérique de l'Ouest, on dirait l'Arizona. En selle !

John Ford. Sans lui et son western *La Chevauchée fantastique* mettant en scène la course folle d'une diligence trimbalant Josiah Boone et ses acolytes, la grandiose Monument Valley ne serait jamais devenue ce décor mythique de l'Ouest sauvage. Magie de l'épopée en Technicolor. Reprenons l'histoire au commencement : « Il était une fois un certain John Goulding qui tenait un *trading post* dans la vallée. Alors que la sècheresse sévissait et que ses clients, les Navajos de la réserve, s'appauvrissaient, il décida de se rendre à Hollywood pour rencontrer un autre John, John Ford. Son idée : le convaincre de venir tourner des films chez lui, où les buttes étaient jolies. Comme on pouvait s'y attendre, M. Ford refusa de recevoir l'importun. C'était sans compter sur la patience de Goulding, qui usa celle de Ford. Après avoir aperçu quelques photos, le réalisateur se dit qu'il ferait bien d'y aller voir de plus près. Et c'est ainsi que John et John partirent en repérage à Monument Valley au cours de l'été 1938. Un an plus tard, on y tournait *La Chevauchée fantastique.* » Tombé sous le charme du lieu, John Ford y réalisera neuf autres films, dans lesquels les rôles des Indiens, qu'ils soient Comanches, Apaches ou Sioux, seront toujours tenus par les Navajos, devenus ses frères de sang. Il n'hésitera pas à placer dans ce panorama grandiose des villes n'ayant rien à y faire, comme Tombstone, située en réalité près de la frontière mexicaine. Peu lui importait, car il avait trouvé dans ce coin d'Arizona désolé et terriblement romantique le symbole de l'Amérique. Et John Wayne (encore un John ! On frise la johnisse) aura beau jouer du colt, le seul héros des westerns de Ford restera pour toujours Monument Valley. Les Navajos l'appellent « Tsé Bii Ndzisgaii », soit la « Vallée des rocs ».

Ci-contre : cow-boy contemplant l'horizon, Monument Valley. /
Ci-dessus : le Grand Canyon traversé par le fleuve Colorado.

COUCHERS DE SOLEIL

— ◊ —

Quitter la « Vallée des rocs », filer plein sud vers Flagstaff, perchée à environ 2 100 m d'altitude et cernée par la plus grande forêt au monde de pins ponderosa, aussi appelés pins jaunes de l'Ouest. Injustement, cet arbre n'est jamais cité dans les génériques des westerns alors qu'il est bien souvent dans le cadre. Cela s'explique : il aurait pu faire de l'ombre aux Henry Fonda, Richard Widmark, Gary Cooper et autres vedettes du Hollywood des années 1950. En tout cas, on apprécie celle qu'il projette sur l'US 89A, une petite route qui serpente en douceur à travers la forêt de Coconino et laisse admirer en débouchant dans la vallée de Sedona quelques spectaculaires pitons rougeoyant dans le soleil couchant. Moment de grâce quand l'or du soir tombe, moment qui, semble-t-il, inspire les édiles de toutes les communes d'Arizona, à en juger par le nombre de voies baptisées « Sunset boulevard » ou « Sunset Avenue ». L'US 89A passe par Prescott où, à défaut d'un Sunset Boulevard, il y a un Sunrise Boulevard. Comme le soleil se lève aussi, il fallait bien sûr marquer le coup. Va pour Sunrise Boulevard.

ELAINE ET LES GARÇONS

— ◊ —

Peut-on imaginer l'Arizona sans le Grand Canyon ? Non. Peut-on imaginer l'Arizona sans chevaux ? Non plus. Le meilleur ami de l'homme – après le fusil d'assaut AR-15, cela va sans dire – est entré, crinière au vent, dans la légende de l'Ouest et n'est pas prêt d'en sortir. Il y a toujours des ranchs où vaquent des cow-boys que l'on dirait échappés d'un album de Lucky Luke ; il y a toujours des rodéos où des types cavalent après de pauvres veaux pour les prendre au lasso devant une foule qui retient son souffle au risque d'oublier de manger ses *fried breads,* littéralement des pains frits, agrémentés d'une garniture variable, mais plutôt sucrée. Les gens de la ville à qui il viendrait l'idée de jouer au cow-boy sans les Indiens peuvent toujours aller chez Lori Bridwell. Elle tient un ranch dans le désert aux alentours de Scottsdale. Quand elle ne s'occupe pas du bétail, elle enseigne dans son « Cow-boy College » le b.a.-ba du métier à quelques pieds-tendres. Pour la seconder, elle peut compter sur Elaine, pas plus haute que trois burgers quand elle a chaussé ses bottes et mis son chapeau, mais sa poignée de main en dit long sur son tempérament. À défaut de briser les cœurs, la demoiselle brise des métacarpes en esquissant un sourire poli. Une entrée en matière virile qui donne à tout le monde l'envie de bien faire. Quelques confidences plus tard, on se tient plus que jamais à carreau. « *Je ne pars jamais à cheval sans ma carabine. Si un serpent à sonnettes croise mon chemin, je le dégomme. Pareil pour les coyotes. Et si la nuit j'en entends un près de chez moi, je me lève et sors pour le descendre. J'ai un viseur laser assez pratique pour ça.* » On n'ose imaginer à quoi elle rêve. Et de rajouter avec candeur : « *Je n'irais pas dans l'Utah sans une arme. Ils sont fous par là-bas.* » À la réflexion, nous non plus. On est si bien en Arizona, sous la protection d'Elaine.

PRATIQUE

ALLEZ-Y SI

Vous rêvez de mettre vos pas dans ceux de John Wayne ; vous en avez marre de visiter chaque été les fabuleuses gorges de l'Ardèche ; vous voulez une fois dans votre vie chanter « *I am a poor lonesome cow-boy...* » tandis que le soleil se couche en rougeoyant sur Monument Valley.

ÉVITEZ SI

Vous n'avez jamais joué aux cow-boys et aux Indiens ; vous avez le vertige sur votre balcon au deuxième étage ; vos fesses se souviennent encore de votre dernière séance d'équitation dans le manège d'un club municipal ; vous êtes déjà à l'Ouest.

COMMENT Y ALLER ?

A/R Paris–Phoenix (11 h avec escale à Londres) avec British Airways.
Une autorisation électronique de voyage est obligatoire avant le départ : Electronic System for Travel Authorization (ESTA) sur www.france-esta.fr, 21 USD.

QUAND PARTIR ?

Les températures sont agréables toute l'année. Les températures moyennes s'échelonnent de 20 °C (janvier) à 42 °C (juillet).

Plus d'infos : www.visitarizona.com.

Page de gauche : désert de Sonora, Saguaros et Brittlebush attrapant les derniers rayons du jour. / Ci-contre : le Grand Canyon. / Horseshoe Bend. / Étonnantes formations de grès dans le célèbre Antelope Canyon.

YOSEMITE, LE TRIOMPHE DU GRANITE

De l'eau, des arbres, de la lumière et du granite, poncé, lissé avec amour par les glaciers disparus... Tel est le cocktail sauvage du parc national le plus mythique des États-Unis.

Voilà bien dix minutes que le bestiau s'acharne sur son tronc d'arbre mort, qu'il le secoue, le balafre de ses longues griffes pour en soulever des bouts d'écorce et y glisser une langue gourmande avide de vers ou d'insectes juteux. De temps à autre, il relève une truffe humide, grouillante de fourmis hystériques, et jette un œil satisfait sur les alentours avant de se remettre à l'ouvrage. Il y a une quinzaine d'ours mal léchés comme celui-ci dans la vallée du Yosemite, plus de 300 dans l'ensemble du parc, et contrairement à ce que sa couleur fauve pourrait faire croire, il s'agit bien d'un ours noir, une espèce qui ne s'intéresse guère à l'homme si ce n'est pour lui voler ses sandwichs.

Ci-contre : le Half Dome.

POUR QUELQUES SCALPS DE PLUS

L'histoire même du parc est tout aussi sauvage. Pendant des milliers d'années, la vallée a été occupée par la tribu des Ahwahneechee. Lorsqu'au milieu du XIXe siècle, des chercheurs d'or y débarquent la pelle et la pioche à la main et commencent à prendre un peu trop leurs aises, les Indiens en scalpent quelques-uns histoire de leur rappeler qu'ils sont ici un peu chez eux. La réponse des Blancs ne se fait guère attendre. La plupart des reliefs ont été rebaptisés par les pionniers euro-américains. Ahwiyah (« les eaux tranquilles ») s'est transformé en Mirror Lake, Weiyow (« la montagne aux genévriers ») en Mount Watkins et Tissiyak (« visage d'une femme qui pleure ») est devenu le Half Dome. Ce dernier est sans doute la formation la plus caractéristique du parc. Des glaciers au caractère abrasif ont été la cause de cette regrettable disparition. Les amateurs d'Apple connaissent bien le Half Dome car il a été longtemps l'icône du système d'exploitation OS X utilisé par les Macintosh. Aujourd'hui, c'est El Capitan, une autre paroi de la vallée, qui apparaît en fond d'écran par défaut lorsqu'ils ouvrent leur Mac. La falaise de 1 200 m dépourvue de fissures est l'un des plus fameux spots de grimpe au monde, avec des routes qui durent de 2 à 7 jours. Sous son aspect bonhomme, le Half Dome ne se laisse pas non plus facilement grimper. « *C'est non seulement très dur, mais en plus la vue est assez décevante*, explique Damian, un guide Miwok. *Le panorama est bien plus joli depuis le North Dome ou Clouds Rest. En plus, le nombre de randonneurs est limité à 300 par jour, il faut s'inscrire sur Internet et les derniers sont tirés au sort !* »

CHUTE LIBRE

— ◊ —

C'est en 1864 qu'un décret soustrait à l'exploitation la vallée californienne du Yosemite et les séquoias géants voisins de Mariposa Grove, mais il faut attendre 1890 pour que la région soit érigée en parc national. Une manière de le parcourir est de s'asseoir dans l'une des nombreuses navettes qui sillonnent le parc et rejoindre Glacier Point, départ de la Panorama Trail. De ce point de vue perché à presque 1 000 m au-dessus de la vallée du Yosemite, la *wilderness* se dévoile dans toute sa gloire. Des murailles de granite, poncées, lissées avec amour par le glacier disparu, filent à pic pour rejoindre la terre dans un amoncellement convulsif de rochers. Partout la roche explose dans toute sa majesté, force brute dressée en parois indomptables. C'est ainsi que le *selfie* prend parfois une tournure tragique. Les accros des réseaux sociaux négligent parfois celui qui se trouve juste sous leurs pieds. Chaque année, le parc déplore entre 15 et 20 morts, la plupart victimes de chutes fatales. Les ours atrabilaires, les cerfs mal embouchés et les écureuils pestiférés n'y sont pour rien. Aujourd'hui, le plus grand des dangers conspire dans votre poche : le téléphone portable.

PARTOUT LA ROCHE EXPLOSE DANS TOUTE SA MAJESTÉ, FORCE BRUTE DRESSÉE EN PAROIS INDOMPTABLES.

PRATIQUE

ALLEZ-Y SI

Vous avez envie de croquer un bon gros morceau de *wilderness* ; vous prétendez avoir la roc attitude.

ÉVITEZ SI

Vous n'aimez pas les bouchons et ne pouvez y aller qu'en juillet-août ; vous êtes un inconditionnel de Windows 10 et n'avez cure du Half Dome ou d'El Capitan.

COMMENT Y ALLER ?

A/R Paris–San Francisco avec Air France et French Bee.
Attention, il est obligatoire avant de rentrer aux USA de se munir d'un ESTA sur le site officiel : www.france-esta.fr, 21 USD.

QUAND PARTIR ?

Le Yosemite est le troisième parc le plus visité des États-Unis (après le Grand Canyon et les Great Smoky Mountains). Il s'agit donc d'éviter la foule estivale. En plein été, il n'est pas rare de devoir passer plus de deux heures dans les bouchons avant de pouvoir rentrer ou sortir ! Privilégiez le printemps, à partir de la mi-mai jusqu'à la mi-juin, puis septembre et octobre.

Plus d'infos :
visitcalifornia.com
Yosemite National Park : www.nps.gov
Yosemite Conservancy, une ONG qui propose d'excellents tours avec des guides naturalistes : www.yosemiteconservancy.org.

Page de gauche : vallée pittoresque de Yosemite, avec son célèbre sommet El Capitan. / Ci-contre : chutes du Nevada dans le parc national Yosemite. / Taft Point. / Tunnel à travers un arbre géant.

LA DOMINIQUE

L'ÎLE AUX TRÉSORS

Dans la mer des Caraïbes, laquelle est la plus sauvage, la plus montagneuse parmi les îles des Petites Antilles ? Laquelle recèle tant de rivières, tant de cascades et aux randonneurs arrache des larmes de douleur et de joie ? Quelle est cette île d'exception ? C'est la Dominique.

C'était un 3 novembre de l'an de grâce 1493. Juchée sur la plate-forme de hune, la vigie cria « *Terre ! Terre ! Terre !* » Au moins trois fois et très fort, car elle était vraiment contente de partager la nouvelle avec tout l'équipage et en particulier le capitaine, un certain Christophe Colomb. Cela faisait quand même vingt et un jours que la *Maria Galanda* avait quitté l'escale des Canaries, entraînant dans son sillage une flotte de seize caravelles aux voiles gonflées par les alizés. Christophe Colomb, qui en était à sa deuxième Transat, monta en vitesse sur la dunette, s'empara d'une longue-vue et vit, s'élevant abruptement au-dessus des flots, une île aux pentes capitonnées d'une forêt luxuriante. Comme on était dimanche, jour du Seigneur (*dies Dominica* en latin), il décida, dans une fulgurante inspiration, de l'appeler Dominica puis donna l'ordre d'aller mouiller plus au nord sur l'île d'Aichi, qu'il baptisa Maria Galanda (future Marie-Galante) en l'honneur de son fidèle bateau. Plaignons les pauvres navigateurs qui, après avoir affronté des tempêtes, frôlé le naufrage, sombré dans le désespoir, souffert de la faim, du scorbut même, devaient tandis qu'ils venaient à peine de toucher au but se creuser la tête pour donner au plus vite des noms à leurs découvertes, et pardonnons-les si étant donné ces circonstances extrêmes leur imagination au moment suprême rivalisait tout juste avec celle d'un bulot frappé d'un AVC. S'il avait accosté ce jour-là sur l'île qu'il venait de nommer Dominique, Cristobal Colon aurait appris que ses habitants, les Kalinagos, l'appelaient Waitukubuli qui signifie « grand est son corps », et par conséquent aurait admis qu'il ne pouvait pas trouver mieux.

CHRISTOPHE COLOMB VIT, S'ÉLEVANT ABRUPTEMENT AU-DESSUS DES FLOTS, UNE ÎLE AUX PENTES CAPITONNÉES D'UNE FORÊT LUXURIANTE.

Ci-contre : forêt tropicale et montagnes volcaniques sur l'île de la Dominique. / Ci-dessus : Boiling Lake.

CONFIDENCES DE DOMINIQUE

— ◊ —

Plus de cinq siècles après, notre tour est venu de débarquer sur l'île de la Dominique, non pas à bord d'une caravelle, mais comme passager d'un ferry assurant deux fois par semaine la liaison Pointe-à-Pitre–Roseau. Roseau, capitale de la Dominique, pays à ne pas confondre avec la République dominicaine, laquelle se consacre au tourisme de masse *all-inclusive,* soit l'exact contraire de la Dominique, surnommée « L'Île nature », où il n'existe aucun complexe hôtelier industriel. Roseau, un nom bien français comme on en trouve tant d'autres mêlés aux noms anglais sur une île que se disputèrent longtemps Britanniques et Français. Ainsi Petite Savanne, Délices, La Plaine, Vielle Case, Morne Trois Pitons, Pointe Belair... côtoient Portsmouth, Hampstead, Salisbury, Rodney's Rock, Trafalgar Falls... Match nul ou presque en termes de toponymie, mais c'est bien l'Union Jack qui flotta sur l'île jusqu'à son indépendance, proclamée le 3 novembre 1978, jour symbolique, car correspondant au jour anniversaire de la découverte de l'île par qui vous savez.

LES SENTIERS DE LA GLOIRE

— ◊ —

Une flasque de rhum n'aurait-elle pas sa place dans le sac à dos d'un randonneur crapahutant sur le Waitukubuli Trail, un sentier de randonnée (184 km) tracé le long de l'échine cabossée de l'île ? Sans doute celui-ci a-t-il été conçu par un sergent instructeur des Marines du genre à ne pas blairer les mauviettes et autres tire-au-flanc. Une extension de ce chemin de croix au demeurant splendide avec sa collection de crêtes tarabiscotées, de côtes drapées de forêts impénétrables et tombant à pic dans les flots, de cascades adeptes de la haute voltige, se tortille jusqu'au Boiling Lake, le deuxième plus grand lac bouillant du monde. Au fond de sa cuvette, il se cache sous un épais voile de vapeur. Il faut une saute de vent pour qu'il dévoile à contrecœur ses gros bouillons grisâtres. C'est un timide qui rechigne à révéler sa température : 82 °C tout de même. Pour le plongeon, on repassera. Avant de l'atteindre, on traverse la bien nommée vallée de la Désolation, une zone aride, crevassée, empanachée de fumerolles que de maigres ruisseaux d'eau chaude sulfureuse exhalent. On s'était amusé à y faire cuire un œuf en le suspendant dans un sac plastique au-dessus de ladite eau. Au retour, plus question de se lancer dans ce type d'expérimentations rigolotes, car on connaît l'épreuve qui nous attend. Ce qu'on ignore encore, c'est qu'on pourra au bout de l'effort plonger dans les eaux émeraude et glacées des gorges de Titou. Oh, la divine surprise ! Oh le bain d'anthologie ! On se faufile entre deux parois de lave tout en rondeurs et courbes protégées du soleil par un baldaquin végétal. Des rais de lumière, se frayant un chemin entre les feuillages et comme venant de l'au-delà, irisent la surface de la rivière. Et puis au fond de la galerie, après le franchissement d'un ultime goulet, on découvre une cascade qui vient s'abattre avec fracas dans une vasque. Alléluia ! On a d'un coup oublié les épreuves du Boiling Lake.

Ci-dessus : plage de Batibou, au nord de la Dominique, considérée comme la plus belle de l'île. / Ci-contre : Glassy Point, côte est de la Dominique. / Chute d'eau émeraude. / Perroquet de Jaco.

DES RAIS DE LUMIÈRE,
SE FRAYANT UN CHEMIN ENTRE
LES FEUILLAGES ET COMME VENANT
DE L'AU-DELÀ, IRISENT LA SURFACE
DE LA RIVIÈRE.

PRATIQUE

ALLEZ-Y SI

Vous aimez entonner à pleine voix « *Dominique, nique, nique* », le refrain de sœur Sourire ; ayant du mal à choisir entre Guadeloupe et Martinique, vous êtes partisan d'un choix médian et ça tombe bien, car la Dominique est pile au milieu ; vous rêvez d'une douche sous une cascade de 40 m au cœur de la forêt tropicale.

ÉVITEZ SI

Une randonnée sur la butte Montmartre vous fatigue ; un poisson rouge dans un aquarium suffit à votre bonheur ; vous êtes convaincu que la Dominique est l'autre nom de la République dominicaine.

COMMENT Y ALLER ?

A/R Paris–Pointe-à-Pitre (8 h 50) avec Air Caraïbes, puis ferry (2 h 15) jusqu'à Roseau avec un catamaran rapide : www.express-des-iles.fr.
Air Caraïbes propose des billets avion, navette et ferry.
Sur présentation d'un passeport en cours de validité et d'un billet de retour, les voyageurs se voient délivrer un « visitors permit » valable 30 jours et renouvelable jusqu'à 3 mois.

QUAND PARTIR ?

La température moyenne varie entre 24 °C et 29 °C, avec des températures plus fraîches en montagne. La saison sèche s'étend de janvier à avril et la saison des pluies de juillet à octobre.

AVEC QUI PARTIR ?

Virginie et Rémi Granger, deux instructeurs PADI français, ont posé leurs palmes à deux pas du parc national de Cabrits et de Prince Rupert Bay. Découvrez dans leur sillage les beautés sous-marines de la Dominique : www.cabritsdive.com.

Plus d'infos : www.discoverdominica.com.

Ci-contre : Victoria Falls.

MEXIQUE

CACTUS ET OTARIES EN BASSE-CALIFORNIE

La Basse-Californie est un long doigt de désert pointé entre mer de Cortez et Pacifique, sur un grand néant de bleu. C'est un Mexique inattendu, avec des sierras piquetées de cactus géants, des côtes baignées d'eau turquoise et des otaries qui accueillent les plongeurs dans un barouf de foire agricole.

À l'aube, on se réveille sous un ciel parfaitement mauve au beau milieu d'une foule de cactus déjà levés, les cardones. Ces immenses cactus ont tellement impressionné Cortez quand il a débarqué en Basse-Californie, qu'il nomma la région Isla de Cardón, l'île des chardons. Difficile d'être à la fois conquistador et fin botaniste. Les cardones, qu'on ne trouve que sur la péninsule, sont les plus grands cactus du monde. Certains spécimens dépassent les 20 m de haut. D'autres font dans l'originalité, affichent protubérances grotesques, cornes démoniaques, verrues disgracieuses et autres boursouflures affligeantes. Rien en tout cas qui rebute les colombes et les cardinaux qui, surgis d'on ne sait où, viennent se goberger de leurs fruits gras et sucrés.

BIENVENUE À L'OTARIE CLUB

– ◊ –

Vers La Paz, le littoral prend la forme d'un hameçon féroce. Sur la pointe de l'hameçon, là où généralement on empale son ver de vase sans façon, il y a deux îles ventrues, Isla Espiritu Santo et Isla Partida, dont la surface parcheminée n'abrite qu'un maquis de cactées et d'euphorbes régulièrement arrosé par les fientes des frégates et des pélicans. À l'extrémité de ces terres peu fignolées par Dieu le Père, deux îlots semblent être sur le point de partir à la dérive à la première rafale. Voici donc Los Islotes. Après avoir fait une heure de barcasse le long de rivages désertiques, on s'attend, une fois le moteur coupé, à goûter un silence digne d'une abbaye cistercienne. Grossière erreur. Une clameur de foire aux bestiaux s'élève des rochers où s'entassent, se vautrent, se bousculent et se mordillent près de 400 otaries. Un barouf à couper la chique aux goélands, qui d'habitude ne sont pas les derniers à s'égosiller.

Ci-contre : lions de mer géants couchés sur les rochers. /
Ci-dessus : route traversant un désert de cactus.

SAISON DES Z'AMOURS

— ◊ —

En passant sous la surface glauque, on espère retrouver le fameux monde du silence. Là encore, c'est plutôt raté. Une série de coups de trompes de voiture de collection résonne sur le fond de rochers dénudés. Filant comme une torpille à la sortie d'un sous-marin, un mâle, tout simplement énorme, vient lorgner les intrus tout en klaxonnant à intervalles réguliers. C'est la période des amours, et notre pépère de 300 kg enchaîne les rondes sous-marines pour se rappeler au bon souvenir de 10 à 15 femelles... et au passage botter le derrière des petits malins qui auraient l'impudence d'aller s'y frotter. Loin de nous cette idée. Après s'être fait accepter par le patron, il est possible de prendre sagement sa place au pied d'un amoncellement de blocs rocheux. Le spectacle peut alors commencer. Des silhouettes fuselées sillonnent l'eau verdâtre sans effort apparent, d'autres flottent en surface, comme des bouchons. Une femelle un peu vive passe comme une furie au ras des détendeurs, disparaît d'un bond hors de l'eau avant de revenir en un ou deux loopings dignes d'un avion de chasse. Un jeune mâle, à l'esprit canaille, s'avance doucement l'air de rien et, la truffe collée au dôme du caisson photo, ouvre soudain la gueule en poussant un jappement sonore. Beaucoup plus paisible, un groupe de femelles adultes se fait des papouilles dans la quiétude d'une alcôve de roches tapissée d'un feutre d'algues. Ces dames se grattent le ventre, se frottent le dos sur l'arête d'un gros caillou, semblent se confier des petites histoires derrière leurs moustaches frémissantes. La tentation est trop forte, on tend la main pour caresser ces pelages fauves et mordorés et l'on se voit gratifié en retour d'une désarmante œillade. Pourvu que le gros mâle n'ait rien vu !

Ci-dessus : plage et dunes. / Ci-contre : femme à cheval et son bétail. / Lézard bleu allongé sur la pierre. / Champ de cactus mexicains dans le désert, réserve naturelle de Todos Santos.

PRATIQUE

ALLEZ-Y SI

Vous êtes amateur ou amatrice de moustaches, qu'elles soient de ranchero ou d'otaries ; vous pensez que, dans la vie, il n'y a que des cactus et vous vous piquez de le savoir.

ÉVITEZ SI

Le désert n'évoque en vous qu'une succession de dunes blondes ; vous ne supportez pas les familiarités à plus forte raison celles de jeunes otaries qui viennent vous mordiller la palme ou emprunter votre tuba.

LES PLONGÉES À LOS ISLOTES

Avec les bateaux à moteur traditionnels (les pangas), il faut compter environ 1 h de trajet entre La Paz et les îlots, plutôt 45 min avec un speedboat. 4 plongeurs maximum sur un panga. Le bateau mouille tout près des rochers. Les plongées sont simples, sans courant et avec un faible fond, pas plus de 10 m. Seule la houle peut occasionner quelques problèmes. La visibilité est variable de 5 m à un excellent 20 m (généralement à l'automne). Beaucoup d'autres plongées sont possibles en sorties à la journée : El Bajo pour les requins-marteaux, Isla Ballena, épave de Salvatierra, raies mantas et requins-baleines (surtout de mai à novembre), etc.

COMMENT Y ALLER ?

A/R Paris–La Paz avec Aéromexico, 13 à 14 h de vol avec une escale à Mexico City.

QUAND PARTIR ?

On peut plonger toute l'année. Cependant, mieux vaut éviter la période des cyclones de la mi-août à mi-octobre, qui, en plus, est étouffante. L'eau est chaude (27 °C) et claire de juillet à novembre. Cela se rafraîchit de décembre à avril (eau autour de 20 °C).

Plus d'infos : www.visitmexico.com.

MEXIQUE

EN PASSANT PAR LE YUCATÁN

La péninsule du Yucatán est dorlotée par le golfe du Mexique et la mer des Caraïbes. Les Mayas l'appellent Mayab. Trois États s'y blottissent : le Campeche, le Quintana Roo et le Yucatán. Direction ce dernier État où l'on fait plouf dans les mystérieux cénotes et où l'on pousse, sous le double effet de la surprise et de l'admiration, beaucoup de oh ! et de ah !.

LES MAYAS PROCÉDAIENT À DES SACRIFICES HUMAINS ET L'ON A RETROUVÉ QUANTITÉ D'OSSEMENTS ACCOMPAGNÉS DE POTERIES INTACTES AU FOND DES CÉNOTES.

Ci-contre : cénote Azul. / Ci-dessus : cénote Ik-Kil, à Chichen Itza.

C'était en 2012. Alors que l'année tirait à sa fin, certains oiseaux de malheur ont annoncé que c'était le monde qui tirait à sa fin. L'apocalypse allait frapper notre planète exactement le 21 décembre 2012, date coïncidant d'après eux avec la fin du temps dans le calendrier maya. Et puis rien, que dalle, pas le moindre cataclysme à se mettre sous la dent. Eussent-ils consulté un expert des systèmes méso-américains de numération et de comptage du temps, ils auraient appris que les astrologues mayas envisageaient un terme beaucoup plus éloigné, vraiment beaucoup plus éloigné : 72 milliards de milliards de milliards d'années, ce qui, avouons-le, nous offre un répit, à moins qu'entre-temps un excité de la bombe H nous donne à contempler un joli feu d'artifice nucléaire. L'initiative aurait au moins le mérite de rassurer quelques propriétaires d'abris anti-atomiques soucieux de rentabiliser leur investissement.

NAISSANCE DES CÉNOTES

– ◊ –

Puisqu'on parle d'apocalypse, notons que tout n'est pas à jeter dans ce genre d'expérience extrême. Il y a quelque 66 millions d'années, un astéroïde de 10 km de diamètre s'est écrasé sur l'actuel golfe du Mexique en dégageant une énergie estimée à plusieurs milliards de fois celle de la bombe atomique larguée sur Hiroshima en 1945. Forcément, cela a laissé des traces, notamment un cratère d'impact dont le centre se trouve à côté de la ville de Chicxulub, dans la péninsule du Yucatán. Avec ses 170 km de diamètre, il peut légitimement se la péter bien qu'il soit difficilement repérable, une grande partie se trouvant notamment sous l'eau, à 20 km de profondeur. La formidable collision aurait aussi projeté dans l'atmosphère assez de poussières pour perturber durablement le

climat, impacter la chaîne alimentaire et causer une extinction de masse. Exit, les dinosaures ! Suite de l'histoire il y a 2,5 millions d'années, quand la péninsule jusque-là partiellement engloutie émerge. S'engage alors un très long processus de dissolution des roches calcaires sous l'action des pluies et au contact de l'eau douce et de l'eau de mer, qui donne naissance à un très vaste réseau de grottes et de galeries souterraines parcouru par des rivières. À chaque endroit où la voûte s'effondre, un trou apparaît qu'on appelle cénote, un mot qui vient du maya *dz'onot*, signifiant « puits sacré ». Le Yucatán en regorge, pour le plus grand plaisir des touristes avides de baignades insolites. C'est bien simple, il faut regarder où l'on pose les pieds en marchant dans la jungle sous peine de faire le plongeon. Il y en aurait entre 6 000 et 10 000 dans la péninsule et seul un quart d'entre eux seraient connus et étudiés. Récapitulons avant de nous accorder une bonne rasade de tequila : un astéroïde, en heurtant notre chère planète, a créé dans le Yucatán une myriade de merveilles géologiques et aquatiques où l'on peut batifoler sans craindre de se faire becqueter par un tyrannosaure. Merci qui ?

PERTE DU SACRÉ

— ◊ —

Bien sûr, les cénotes n'ont pas toujours été des réceptacles à baigneurs engoncés dans leur gilet de flottaison obligatoire. Pour les Mayas, ils constituaient primo d'inestimables sources d'eau douce en l'absence de rivières à la surface de la péninsule, et deuzio un moyen de communiquer avec l'inframonde Xibalbá traduit par « lieu de la peur » où sévissent les dieux de la mort et de la maladie. Histoire de les amadouer, les Mayas procédaient à des sacrifices humains et l'on a retrouvé quantité d'ossements accompagnés de poteries intactes au fond des cénotes. Xibalbá, que tes démons s'il en reste ne s'avisent pas de nous approcher. Avertissement inutile. Plongeoirs, cordes balançoires, tyroliennes ont dû les convaincre de chercher cénote plus tranquille. Comme on les comprend, et pourtant en dépit de son aménagement en une stupéfiante base de loisirs nautiques, le cénote de Chukum conserve une puissante aura. Par la voûte écroulée où pendent des lianes, une poussière d'or virevolte dans la pénombre jusqu'à l'eau turquoise, la pare d'une gaze scintillante. Ainsi naissent les enchantements dont les cénotes, qu'ils soient petits, grands, touristiques ou discrets, ne sont jamais avares. À condition de les préserver d'un développement outrancier et délétère, les cénotes devraient assurer au Yucatán et aux communautés mayas, souvent déshéritées, des ressources financières précieuses.

PRATIQUE

ALLEZ-Y SI

Vous êtes accro au guacamole ; vous avez adoré le film d'animation *Coco* ; vous ne craignez pas les dieux de l'inframonde qui rôdent dans les cénotes en ricanant.

ÉVITEZ SI

Vous êtes allergique au maïs ; vous êtes un poissard qui pourrait bien provoquer la première chute de météorite géante depuis 66 millions d'années ; vous confondez Mayas, Incas et Aztèques.

COMMENT Y ALLER ?

A/R Paris–Cancun (10 h 50) avec Air France. Il est facile et confortable de se déplacer en bus grâce à la compagnie ADO.

QUAND PARTIR ?

La meilleure période correspond à la saison sèche, entre novembre et avril.

Plus d'infos : www.yucatan.travel.fr.

Page de gauche : Playa del Carmen, dans le parc de Xel Ha. / Ci-contre : lagune rose de Las Coloradas. / Playa del Carmen. / Le geai du Yucatán, perché sur une branche près de Cancun.

CRÉDITS

Image de couverture : Plage de Balandra, La Paz, Mexique © Shutterstock / Matt Gush.

© Shutterstock : p. 28 : Papaskiri ; p. 29 : Marcin Szymczak / EvaL Miko / John Grummitt / Eva Pruchova ; p. 32 : Egon NYC ; p. 33 : Kertu ; p. 34 : Lasse Jesper Pedersen ; p. 35 : Muratart / Chris Christophersen / imageBROKER.com ; p. 36 : shawnwil23 ; p. 37 : mark gusev ; p. 38 : Poadium Solutions ; p. 39 : John And Penny / Hope Phillips / Teddiviscious ; p. 40 : Taiga ; p. 41 : Andrew Mayovskyy ; p. 42 :: Mikadun / A. Aleksandravicius ; p. 43 : imageBROKER.com ; p. 44 : Devalro ; p. 46 : Robert Harding Video ; p. 47 : Jane Rix ; p. 48 : JoannaPerchaluk ; p. 49 : Travellingdede / Jane Rix / LouieLea / Michael J Magee ; p. 50 : knelson20 ; p. 51 : Risto Raunio / Steve Allen / Sandra Ophorst ; p. 52 : Daan Kloeg ; p. 53 : bchyla ; p. 54 : Alex_Ugalek / BBA Photography ; p. 55 : BBA Photography ; p. 57 : ecstk22 ; p. 58 : Olha Solodenko ; p. 59 : Christopher Czermak / ganblade ; p. 59 : Marcio Gianotto ; p. 60 : Joel Fischinger ; p. 61 : Sebastian Boczko ; p. 64 : Ilko Iliev ; p. 65 : Shams F Amir ; p. 66 : Gunter Nuyts ; p. 67 : Boris Edelmann / Robert Harding Video / Martin Mecnarowski ; p. 68 : Mark Dumbleton ; p. 70 : robertonencini ; p. 71 : imageBROKER.com ; p. 72 : 4KRAW ; p. 73 : Ramdani Djamel / Cortyn / Zaruba Ondrej ; p. 74 : Nick Dale Photo ; p. 75 : Donovan van Staden ; p. 76 : Martin Mecnarowski ; p. 77 : Artush / Ondrej Prosicky / Gudkov Andrey ; p. 79 : Piotr Skolimowski ; p. 81 : yokk_geo / Christian Nilsen / Gail Johnson / Iryna Shpulak ; p. 82 : Sopotnicki ; p. 85 : alain pardon ; p. 86 : Alexander BEE ; p. 87 : Travel2Sea.com / Dave Primov / Hiren Ranpara / Matyas Rehak ; p. 88 : Kertu ; p. 89 : Dave Primov / Alexander BEE ; p. 91 et p. 92 : Delpixel ; p. 93 : Alice-D / Dennis Diatel ; p. 94 : RPBaiao; p. 96 : Suthasinee K ; p. 97 : Artush ; p. 98 : Vladislav Belchenko ; p. 99 : WitR / GenadijsZ ; p. 100 : Natalya Bozadzhy ; p. 101 : Paul and Leonie ; p. 102 : Nicola Pulham : p. 103 : EyesTravelling / KamilBel / Natalia Davidovich ; p. 107 : Fokke Baarssen / Iryna Shpulak ; p. 108 : Javarman / ed1204 ; p. 109 : Ben Monteverdi ; p. 111 : Stephen Barnes ; p. 112 : Galyna Andrushko ; p. 113 : Anna Morgan / Vibe Images / R.M. Nunes / Stephen Barnes ; p. 114 : Oleg Znamenskiy ; p. 115 : Holger Metzger / Prisma Nova Photography / Giovanni Canclini ; p. 116 : Roger de la Harpe ; p. 117 : GUDKOV ANDREY ; p. 118 : Roger de la Harpe ; p. 119 : GUDKOV ANDREY / Roger de la Harpe / Juan Carlos Munoz ; p. 121 : Watch The World ; p. 122 : Pierre Laborde / Nick Fox / Fabian Plock ; p. 123 : gurb101088 ; p. 124 : Kaikups ; p. 126 : Oleg Znamenskiy ; p. 127 : Simon Dannhauer ; p. 128-129 : Travel Stock ; p. 130 : Michal Hamet ; p. 131 : Travel Stock / Anna Dunlop ; p. 133 : Eva Mont ; p. 134 : EcoPrint ; p. 135 : Richard Juilliart / mbrand85 ; p. 136 : mbrand85 ; p. 137 : Goncalo Borba / Richard Juilliart / Markus Schenk ; p. 140 : Ang ; p. 141 : Yeshey Lotay ; p. 142 : Wan Kum Seong / Wirestock Creators ; p. 143 : Irfan Photographer786 ; p. 144 : Framalicious ; p. 147 : William.Visuals ; p. 148 : Robert Harding Video / Kadagan / VladyslaV Travel photo ; p. 149 : Pentium5 ; p. 150-151 : Mark R Croucher ; p. 153 : Guosheng Wu ; p. 154 : Tao Jiang / Lu Yang ; p. 155 : Bill Wei / Sirisak_baokaew ; p. 156 : niladrilovesphotography ; p. 157 : StockPhotoAstur ; p. 158-159 : ImagesofIndia / AshishKSenapati ; p. 161 : Tanutkij ; p. 162 : Sergey Uryadnikov ; p. 163 : Levent Konuk / Pnnchen / SergeUWPhoto / Luthfi Fatur ; p. 164 : Danaan ; p. 166 : Morningstar Sun ; p. 167 : lemaret pierrick ; p. 168 : Ton Hazewinkel ; p. 169 : michel arnault / Luoxi / aguerrerocollado / KAZU_49M ; p. 170 : M Andy / Waseda ; p. 172 : Simon Dannhauer ; p. 173 : Mahara ; p. 174-175 : Udompeter / SaschaYen / Joyfull ; p. 176 : Aleksandr Degtiarev ; p. 177 : Saulius Damulevicius ; p. 178 : Valdis Skudre ; p. 178-179 : SJ Travel Photo and Video ; p. 179 : Ganesh Bastola ; p. 180 : Denis Belitsky ; p. 182 : travelwild ; p. 184 : shutterlk ; p. 185 : Devaka Seneviratne / Sergii Figurnyi / Sahan Avishka ; p. 188 : Umomos ; p. 189 : Chris McDougall ; p. 190 : Tom Jastram ; p. 191 : Heather Ruth Rose / Paul Harding 00 / Marco Tomasini ; p. 192 : Mathias Berlin ; p. 193 : Tania Stout ; p. 194 : FiledIMAGE ; p. 195 : Bernhard Richter / Martin Pelanek / Martin Pelanek ; p. 196 : trabantos ; p. 197 : BlueFire ; p. 198 : Jef Wodniack / Hot Pixels Photography ; p. 199 : Sienna Jones / Elena Yakusheva ; p. 200 : Thomas Athenol ; p. 201 : Bildagentur Zoonar GmbH ; p. 202 : Izabela23 / Angela Meier / Nancy Pauwels / Thomas Trebern ; p. 204 : angela Meier ; p. 205 : Thomas Athenol ; p. 208 : Andrey Nosik ; p. 209 : Mozgova ; p. 210 : Ionov Vitaly ; p. 211 : robert mcgillivray / Eleanor Scriven / Antoine Lorgnier / Thomas J Mitchell ; p. 212 : Antoine Lorgnier ; p. 213 : Robert Mcgillivray / Iryna Makukha / Jennifer Brennan ; p. 215 : Bernhard Richter ; p. 216 : Rudy Mareel ; p. 217 : Patricia Matias Geo / ByDroneVideos / Haeree Park / Freedom_wanted ; p. 218 : Alexandre.ROSA ; p. 219 : Enzo Cladera ; p. 220 : Galyna Andrushko ; p. 221 : Julian Peters Photography ; p. 222 : Nicola Messana Photos / Lroy ; p. 223 : maphke ; p. 224 : Loredana Habermann ; p. 225 : elleon ; p. 226 : Marcelo F Junior ; p. 227 : Leonardo Mercon ; p. 228 : Mary Ann McDonald ; p. 229 : Reto Buehler / Ondrej Prosicky / F. Setiawan ; p. 230 : ESB Professional ; p. 232 : Galyna Andrushko ; p. 233 : Pi-Lens ; p. 234 : Jukka Jantunen / Jukka Jantunen / Van the woods media ; p. 235 : Van the woods media / p. 236 : Scalia Media ; p. 238 : Vaclav Sebek ; p. 239-240 : Artush ; p. 241 : Ildi Papp : Dan Baciu / Artush / Dan Baciu ; p. 242-243 : Artush : p. 244 : Firebird007 ; p. 246 : Miguel Schmitter / U. Eisenlohr / Vaclav Sebek ; p. 247 : Malgorzata Drewniak / Koen's Photography ; p. 248 : SL-Photography ; p. 250 : Gudkov Andrey ; p. 251 : Katarzyna_Przygodzka ; p. 253 : Brian Lasenby / BlueOrange Studio / Nick Blamire-Brown ; p. 254 : Maridav ; p. 255 : Fotogrin / Gudkov Andrey / CSNafzger ; p. 256 : Stefano Borsa ; p. 257 : Josemaria Toscano ; p. 258 : LHBLLC ; p. 259 : Anton_Ivanov / Sergii Figurnyi / canadastock ; p. 261 : yhelfman ; p. 262 : canadastock ; p. 263 : UVL / Ingo70 / Katerina Elagina ; p. 264 : Karen Wunderman ; p. 265 : Derek D. Galon ; p. 266 : David Svestka ; p. 267 : Derek D. Galon / Hello Bipo / Derek D. Galon ; p. 268 : Derek D. Galon ; p. 270 : DanielCz ; p. 271 : p2n Media ; p. 272 : Galyna Andrushko ; p. 273 : Baileyal3xander / mat.hak / DanielCz ; p. 274 : Aleksandar Todorovic ; p. 275 : ecstk22 ; p. 276 : Giovanni Rinaldi ; p. 277 : lu_sea / Giovanni Rinaldi / Kanyshev Andrey.

p. 59 bas : © Michel Fonovich ; p. 105 et 120 : © Virginie Suères ; p. 211, 212 et 252 : © Antoine Lorgnier.

REMERCIEMENTS

— ◊ —

Au commencement était Laura Stioui.
Son enthousiasme nous a portés. Sans elle, ce livre n'aurait pas vu le jour.
Stéphanie Taro, d'une main de maître, a présidé à son élaboration.

Bien sûr, il y a ce cher trimestriel, « AR Magazine voyageur », pour lequel
nous avons tant voyagé autour du monde et qui a inspiré nos récits.

Merci à celles et ceux qui ont grandement contribué et contribuent encore à sa fabrication :
Maïté Baldi, Julien Blanc-Gras, Anne Chabot, Laurent Delmas, Franck Ferville, Antonio Fischetti,
Albéric d'Hardivilliers, Nicolas Leblanc, Antoine Lorgnier, François Mauger, Matthieu Raffard,
Julie Rousset, Tristan Savin, Virginie Suères, Jeremy Suyker, Florine Synoradzki,
Jérémie Vaudaux et Océane Wodzynski.

Édition originale

Prisma Media
13, rue Henri Barbusse
92624 Gennevilliers cedex
N° SIREN : 318 826 187

Éditions Prisma
Directrice des éditions Prisma : Claire Bernard
Directrice éditoriale adjointe : Laura Stioui
Responsable éditoriale : Stéphanie Taro
Assistante d'édition : Silvia Cavallini-Campana
Recherche iconographique : Jeanne Mouton, Stéphanie Taro
Création de la maquette, de la couverture et mise en page : Claire Mieyeville
Chefs de fabrication : Jérôme Brotons et Anne-Kathrin Fischer
Relecture : Sabine Kuentz
Photogravure : APEX

ISBN : 978-2- 8104-4199-0
Dépôt légal : octobre 2025
Imprimé en octobre 2025 par DZS en Slovénie